［ユダヤ×日本］歴史の共同創造

ヨセフ・アイデルバーグ［著］
久保有政［訳］

ヒカルランド

ひい、ふう、みい…は
ヘブル語でこそ意味をなす！

アマテラスが天の岩屋戸に隠れたとき（左上）、ウズメ（中央）がその前で踊り、コヤネ（左の老人）が「ひい、ふう、みい、よお、いつ、むう、なな、やあ、ここの、とうお」と祝詞を唱えた。この意味は、ヘブル（ヘブライ）語では、「誰がその美しい方（女神）を出すのでしょう。彼女に出ていただくために、いかなる言葉をかけたらいいのでしょう」となり、まさにこのシチュエーションにぴったりの言葉となる！　［「神代絵」山辺神社蔵］

天御柱《あめのみはしら》を回ったとき、イザナギとイザナミが発した謎の掛け言葉の意味は……?!

イザナギとイザナミ。

「アナニヤシ」とはヘブル語で「私は結婚する」の意味である……

日本書紀に記されたイザナギとイザナミの国生みでは、彼らはまず天沼矛《あまのぬほこ》で“おのごろ島”をつくり、そこに天御柱を立て、その周りをまわって結婚する。そのときにふたりが言った「アナニヤシ」は、日本語ではこれといって意味をなさないが、ヘブル（ヘブライ）語では、ズバリ「私は結婚する」の意味である！

大化の改新の詔《みことのり》は、明らかに聖書とユダヤの伝統に基づいている！

古代イスラエルの大祭司。ヘブル語で祭司をコヘンというが、古代日本の祭司コヤネはそこから来たのだろうか。

日本書紀の謎はヘブル語でこそ解ける！
日本語・ヘブル語共通500語を精選！

ユダヤ人であり、イスラエルの失われた十部族の探求者であった著者ヨセフ・アイデルバーグ氏は、日本語の語源の不明な言葉の多くがヘブル（ヘブライ）語で読めることに驚き、日本に見習の神官として住み着き、3000語（一説によると5000語）のヘブル語と日本語の共通語を発見した。本書には、それらのうち500語を精選して、掲載している。

カバーデザイン　櫻井浩（⑥Design）

［ユダヤ×日本］歴史の共同創造　目次

まえがき

日本は今日、世界における指導的な産業国である。しかし、その過去は全く謎に包まれている。

日本人がいつ日本列島にやって来たのか、誰も知らない。そして今までの歴史的研究も、言語の研究も、また考古学的探求も、彼らの過去の謎を解き明かしてはいない。本書は、彼らの起源を全く新しい角度から探ろうとする試みである。

日本人の起源に関する私の研究は、じつは思いがけないことから始まった。

はじめ私は、いわゆる「イスラエルの失われた十部族」に関する証拠を集めようと、努力を積み重ねていた。彼らは紀元前七二一年に捕囚《ほしゆう》の身となり、アッシリア帝国に連れ去られた人々である。じつはそれと時期をほぼ同じくして、今日「日本」と呼ばれる国に古代日本人が住むようになった。

それを知ったとき、私の疑問は、「両者には果たして何か関係があるのか」であった。

すなわち、中東から来た「イスラエルの十部族」の捕囚民と、極東の日本における大和民族の出現の関係である。

　実際、そこには関係があった。日本古代の伝統、宗教的儀式、歴史的な名前、俳句、また日本語に含まれるヘブル（ヘブライ）語起源の言葉、かな（ひらがな、カタカナ）、また日本の民謡までもが、すべて、「古代サマリア王国」（北王国イスラエル）と「スメラ王国」（日本）との間の強いつながりを示していたのである。

　私の知る限りでは、本書は日本人の起源についてこれまで知られなかった事柄を明るみに出し、一つの結論を導き出した最初の書物である。

　かつて私は、京都の護王《ごおう》神社で見習い神官となり、そこでしばらく過ごしたことがある。それを可能にしてくれた神社本庁のご好意に、この場を借りて深く感謝を捧《ささ》げたい。また神道に関して価値ある情報を提供して下さった村岡大輔《むらおかだいすけ》氏に、さらに、清楚《せいそ》で美しい神道の様々な儀式を教えてくださった護王神社の元宮司、酒井利行《さかいとしゆき》氏に深く感謝を捧げる。

　しかしながら、本書に述べられた見解や主張の全責任は、ただ私だけに帰するものである。

ヨセフ・アイデルバーグ

第一章　放浪ユダヤ民族を「日本書紀」の中に探し当てた！

文中、聖書の引用は「新共同訳聖書」によった。
文中、（　）内は著者による注である。
ただし［＊　］となっているものは、訳者による注である。

イスラエルの失われた十部族とは何か

人類の歴史は、数多くの謎に包まれており、いまだ説明のつかないこともたくさんある。なかでも、これ以上ミステリアスなものはないと思えるのが、いわゆる「イスラエルの失われた十部族」はどこへ行ったかという問題である。

紀元前七二一年に、彼らはアッシリア帝国に征服され、捕囚《ほしゅう》となって連れ去られ、その後アジアのどこかへ離散していった。彼らの足跡は、いまだによくわかっていない。彼らについて私たちがはっきり知っていることといえば、聖書の中に記された次の句くらいなものだろう。

「アッシリアの王はこの国のすべての地に攻め上って来た。彼はサマリアに攻め上って来て、三年間これを包囲し、ホシェアの治世第九年にサマリアを占領した。彼はイスラエル人を捕らえてアッシリアに連れて行き、ヘラ、ハボル、ゴザン川、メディアの町々に住ま

せた」（列王記《れつおうき》下一七章五～六節）

これは今から約二七〇〇年前のことである。そしていまだに、彼らイスラエルの十部族の運命について、私たちはよく知らない。彼らは果たして、他の土地に移住したのか。自分たちのアイデンティティ（何者であるか）を彼らは喪失しただろうか。それとも、彼らはアジア大陸にある、あの恐ろしい砂漠で絶滅したのか。誰も知らない。

彼ら十部族が失われたことによって、ヘブル（ヘブライ）民族は魂に深い傷を負った。それはいまだに完全にいやされたことがない。イスラエルの失われた十部族はいつの日か見いだされるに違いない、という隠された望みを、彼らの同胞であるユダヤ人は常に持ち続けてきた。そして私も、彼らを見いだそうと決心したのである［＊「ヘブル民族」という言葉は、イスラエルの十部族、およびユダヤ人（南王国ユダの子孫）の総称と考えてよい］。

日本人こそイスラエルの十部族の子孫だ

十部族の探求を決意し、あるいは少なくとも、その運命についてもっとよく知ろうとしたとき、私の最初の問題は次のことだった。二七〇〇年も前に失われた十部族が、今もって存在しているかどうかすら知らないというのに、一体どうやって私は彼らを探そうというのか。

また仮に彼らが存在しているとしても、どうやって私は彼らを識別できるだろうか。彼らは今日どんな言葉を話しているのか。彼らの宗教は何だろうか。なぜなら、私の知る限り、彼ら十部族の持つ宗教が現代ユダヤ教と全く同じものであるとは、考えられないからである。

これらのどの疑問にも答えがないまま、でもきっとどこかに答えがあるとも思いながら、私はイスラエルの失われた十部族について調べ始めた。まず、アジアのすべての国々について調べた。それを調べることによって、ミステリーを解決する鍵がどこかに見つかるかもしれないと、思ったからである。

実際、『日本書紀』を通じて日本の初期の歴史を学んでいるとき、私はそこに、古代ヘブル民族の歴史との奇妙な類似性を見いだした。果たして日本人は、イスラエルの失われた十部族の子孫なのか。

多くの人にとって、日本人がイスラエルの十部族の子孫だなどといった考えは、おかしなものに思えることだろう。彼らのモンゴロイド的風貌《ふうぼう》、また地球の反対側に住み、世界の他のどの言語とも異なる言葉を話す彼らが、イスラエルの失われた十部族だなんて信じられない！　そう思う人も多いに違いない。

東京・広尾にあるユダヤ教会（シナゴーグ）には、イスラエル12部族の紋章が掲げられている。ヨセフの部族の紋章はユニコーン（一角獣）である。また、ユダの紋章はライオン（獅子）である。25ページ掲載のノーマン・マクレオドが200年前に描き写させた日本の皇室の紋章と比較するとき、日本とユダヤの不可思議な因縁を感じざるを得ない。〔出典：『日本・ユダヤ封印の古代史』〕

しかし、『日本書紀』に示された日本の古代史と、『聖書』に示されたイスラエル民族の古代史とを組織的に比較研究してみるとき、そこには重要な事柄が明らかになる。それは、両書に述べられた幾つかの事柄は、違う様式ではあっても、じつは同じ出来事を言ったものであるということだ。

日本書紀が生まれた背景

具体的にそれらについて述べる前に、日本書紀の背景的なことをお話ししておこう。

日本人の起源は、古代の真ん中で謎に包まれ、失われてしまっている。彼らがいつ日本列島に住み着くようになったのか、誰も知らない。広く信じられているところによれば、日本人の中核をなすヤマト民族は、西暦一～三世紀に日本の地に住み着き、ヤマトと呼ばれる王国を確立したという。

彼らは新しく来た移住民であったと思われるが、一つの伝統を持つ人々で、同じ言語を話し、同じ「神の道」、すなわち今日「神道《しんとう》」と呼ばれている宗教に生きる人々であった。

彼らヤマト民族は、数世紀にわたり、伝統的な神道の宗教を固守していた。ところが五五二年［＊五三八年説もある］に、神道指導者たちの強い反対にもかかわらず、仏教が日本に入った。そしてこの国の最も影響力を持つ氏族の幾つかも、仏教を取り入れるようになった。

その結果、長く続く対立関係が、神道擁護《ようご》派と仏教推進《すいしん》派の間に生まれた。やがて、両者の間に内戦が勃発《ぼつぱつ》。その戦いのさなか、ヤマト民族の古代記録がすべて火に包まれる事件が起こった。灰と化してしまったのである。こうしてこの国は、書かれた記録を持たない国家になってしまった［＊西暦六四五年に仏教派の蘇我《そが》氏が、古代記録に火を放ち、焼き払った事件をさす］。

ヤマト民族の古代記録焼失

この古代記録の焼失事件は、朝廷の誇りを傷つける深刻な事態をもたらした。というのは、日本は当時すでに中国と交流を持ち、その影響も受けていた。中国にはしっかり書き記された歴史書がたくさんあることを、中国人が自慢するのも知っていた。

だから日本の天皇は、文明化された国家が書かれた王朝史を持たないわけにはいかない、と思った。それで七一二年になって、新たに天皇の命により、『古事記』として知られるヤマトの歴史書が完成した。これは文字通りには、「古き事の記録」を意味する。

しかし当時は、あの焼失事件でたくさんの古記録が失われてから久しく、きちんとした過去の記録がすでにない状態だった。だから古事記の編纂者《へんさんしゃ》たちは、その情報源をおもに口伝《くでん》や、職業的な伝説の語り部に頼ったのである。彼らは歴史を心で理解する人々であった。

またその八年後、七二〇年に、『日本書紀』が作られた。これは文字通りには、「日本の歴代誌」を意味する。これも同様に、記憶をもとにして書かれた書物だった。

したがって私たちは、日本書紀を読むとき、そこに書かれた歴史的記録を評価する上で、そのことをまず考慮しなければならない。すなわち、この書はとくに古い時代の部分については、歴史を心で理解した人々が語った伝説以上のものではない、ということである。

それゆえ、日本書紀と聖書の内容を比べても、そこには表面的には数多くの食い違いがみられる。ところがそれでも、両書の中には、互いに非常によく似た出来事が繰り返し記されているのだ。これを偶然と考えるのは難しい。

つまり、表面的には食い違いがあるにもかかわらず、両書の中に互いに類似した物語が幾つも記されているのは、じつはそれらが同じ起源に発したものだからだと、理解することが可能である。

ノーマン・マクレオドが日本の皇室の紋章として、描き写させたものの　部拡大。本来、日本には存在しない左右のユニコーンとライオン像に注目。中央上部は天皇の王冠で、わかりにくいかもしれないが、やはりユニコーンが描かれている。王冠の下には、一六菊花紋と、12頭の獅子がいる（10頭の獅子と２頭の子獅子）。「これはイスラエルの12部族に由来するものか」とマクレオドは言う。ユニコーンはヨセフの部族の紋章として知られる。出典：『[新装版] 日本固有文明の謎はユダヤで解ける』（ヒカルランド）

仲哀天皇とサウル王は瓜二つ

たとえば日本書紀は、「天孫民族《てんそん》」について語る。彼らは天の神の子どもたちであり、神がその子孫に与えた土地を征服するために旅に出る。一方、聖書はイスラエル民族について、

「あなたたちは、あなたたちの神、主の子らである」（申命記《しんめいき》一四章一節）

と述べている。イスラエル民族は「天孫民族」なのである。彼らは、神がその子孫に与えた約束の地を征服するために旅に出た。

もちろん、もしこれだけなら、両書の類似もただの偶然の一致と考えることも可能だろう。ところが日本書紀のページをさらにめくると、天孫民族（ヤマト民族）がその地を征服しようとする際、彼らは「エミシ」（夷）と戦った、となっているのだ。

一方聖書によれば、イスラエル民族は約束の地を征服しようとする際、「エブシ」（Yevusi 邦訳はエブス）人と戦った（創世記一五章二一節、ヨシュア記一五章八節）［＊ヘブル語では語尾にiをつけると「～人」「～族」の意味になる］。「エミシ」と「エブシ」――若干の音声的な変化を考慮するなら、両者はあまりに似すぎている。

イスラエルの初代王サウル。日本書紀に記された仲哀天皇の記述は、このサウル王について語った語り部の言葉から来たのではないか。C.F.ヴォス画

ここにも、類似性がみられる。このように二つの地は、じつは同じ土地をさしているのではないかと、思えてくるのである。また、ヤマト民族の古代史を記した日本書紀は、じつはその根底に、イスラエル人の歴史があったのではないか。

この疑問は、次にみるように日本の幾人かの天皇と、古代イスラエルの王たちとを比較してみることにより、さらに深まってくる。

たとえば日本書紀は、仲哀天皇《ちゆうあい》（第一四代）について記している。その記述は、古代イスラエルのサウル王について語った語り部の言葉から来たのではないか、と私には思える。

なぜなら聖書は、サウル王について、

「美しい若者で、彼の美しさに及ぶ者はイスラエルにはだれもいなかった。民のだれよりも肩から上の分だけ背が高かった」（サムエル記上九章二節）

と記している。同様に日本書紀は、仲哀天皇について、

「天皇は容姿端正《ようしたんせい》で、身丈《みたけ》は十尺《しやく》（約三メートル）あった」

と記しているのである。またサウル王は、死んで「ベニヤミン族」の土地に埋葬された（サムエル記下二一章一四節　サウルはベニヤミン族の出身である）。一方日本書紀は、仲哀天皇は「アナト」（穴門）に葬られたとしているが、エルサレムの近くにあった古代の町「アナト」（アナトト）は、ベニヤミン族の領地だったのである。

イスラエル2代目の王ダビデ。日本書紀においてダビデ王は、崇神天皇の記述の中に織り込まれている。C.F.ヴォス画

日本の王朝史の中に、このように古代イスラエルの王朝史が盛り込まれている、と思えるのだ。

崇神天皇とダビデ王も酷似している

こうした類似は、単にイスラエルのサウル王に関してだけではない。サウルはイスラエル初代の王であったが、二代目の王は「ダビデ」であった。ダビデは古代イスラエル国家を確立した人である。

日本書紀においてはダビデ王の伝説は、「崇神《すじん》天皇」（第一〇代）の記述の中に織り込まれているようである。崇神天皇は、古代日本の国家を確立した人で、「ハックニシラス」の称号をもって呼ばれる。

また聖書によれば、ダビデ王の治世に、三年間におよぶ飢饉《ききん》があった。一方、崇神天皇の治世にも、三年間におよぶ災厄《さいやく》が続いた［＊治世五〜七年］。またその後、ダビデ王は民の人口調査をしている（サムエル記下二四章二節）。崇神天皇もその後、人口調査をした。

さらに、ダビデ王の軍隊は、「セイルの山地、エドム」で戦ったとある。セイルとエドムは、聖書ではしばしば組になって語られていて、同じ地のことである（創世記三六章八節、サムエル記下八章一三節）。

同様に、崇神天皇の軍隊は「山シロ、イドミ」（山背、挑川）の地で戦ったという［＊現在の京都府南部。ヤマ・シロは初め「山代」、のちに「山背」と書かれ、さらにのちに「山城」と書くようになった。日本書紀によればまた、イドミはのちにイズミ（泉）に転化した］。

ここにもセイル↓シロ、山地↓山、エドム↓イドミの類似関係がみられる。つまり「山シロ、イドミ」とは、まさに「セイルの山地、エドム」のことではないか。つまり聖書の物語が背景にあるようなのだ。

伊勢神宮とソロモン神殿の類似性

しかし、類似性はこれで終わりではない。

崇神天皇の死後、彼の息子の垂仁《すいにん》天皇が即位した。同様に、ダビデ王の死後、彼の息子のソロモン王が即位している。このソロモン王は、かつてエブス人の地であったエルサレムに、最初の神殿を建てた人である。同様に垂仁天皇は、伊勢の地に、神道の最初の神社を建てている（伊勢神宮の原型）。

またソロモン王は、「池を幾つも掘らせ、木の茂る林に水を引かせた」（コヘレトの言葉二章六節)。同様に、垂仁天皇は「諸国に令して、池や溝をたくさん開かせた。その数は八百あまり」と記されている。

聖書によれば、神は夢の中でソロモン王のもとに現われ、「もしあなたが……わたしの掟と戒めを守って、わたしの道を歩むなら、あなたに長寿をも恵もう」(列王記上三章一四節)

と述べている。「わたしの道」すなわち神の道、神道《しんとう》である。同様に日本書紀によれば、垂仁天皇に対し神のお告げがあって、

「あなたが神祇《じんぎ》をよくお祀《まつ》りすれば、汝の命も永く、天下も太平であろう」

と述べたという。「神祇をよくお祀りすれば」、すなわち神の道、神道に堅く立って信仰するなら、の意味である。イスラエルの宗教も、日本の宗教も、ともに「道」と呼ばれる。「神の道」なのである。

これらの類似性は、いったい偶然だろうか。あるいは、日本の「神道」はもとはイスラエルの「神の道」なのか。

ここに至って、イスラエルの失われた部族に関する私の研究は、重要な局面にさしかかったと言っていいだろう。つまり、もし日本神道がいくらかでも古代イスラエル宗教と関わりがあるならば、ヤマトの国の偉大な神は古代イスラエルの偉大な神と、もともと同一

イスラエル３代目の王ソロモン。このソロモン王もまた、垂仁天皇として、日本書紀の中に記録をとどめている。セバスティアーノ・コンカ画

であったに違いない！　また、ヤマトの民は古代イスラエル人と同一、ということになる！

この推測の真偽を確かめるために、私たちはどうしたらいいだろうか。また本当に日本神道は、古代イスラエル宗教と関係があるのか。それをみるために、私は日本のある神社において、神官の見習いとなって学ぶ決心をした。

第二章　日本神話の不明語はユダヤ民族のヘブル語でこそ読める！

神社の神官見習いとして過ごした日々

日本神道《しんとう》をもっとよく知りたいという思いから、私はついに、京都にある小さな神社に導かれることとなった。護王《ごおう》神社［＊京都市上京区《かみぎょう》］である。私はそこで、神官の見習いとなった。私はこの日本の古都のうららかな空気の中で、神道の基本的概念を学ぼうとした。

神社に着くと、あたたかく迎えられ、社務所《しゃむしょ》に案内された。そこで宮司《ぐうじ》は、私の仕事について詳しく説明してくださった。また私をお風呂に案内し、そこで「禊《みそ》ぎ」、すなわち身を清めるように言ったのである。それは私に、宗教的な清さをもたらすものだった。

それから私は神官の衣装を与えられ、見習い神官としての生活を始めた。その神社のすべての行事に参加することも許された。私の仕事は単純だった。朝六時に起き、神社の拝殿で最初の祈りを捧《ささ》げる。六時半から七時半は神社内を清掃したり、かたづけたり、庭を掃いたりした。

それから私は自分の居住域に戻り、神官の衣装に着替え、朝ご飯を食べる。その後、朝の礼拝がある。八時には礼拝の開始を告げる太鼓が鳴り、私は手を洗い、口をすすいで、他の神官たちとともに聖所に入る。

朝の礼拝が終わると、私は自由である。その時間には、私は京都にある他の神社や、仏寺などを見に行った。また、かつての皇居だった京都御所内の公園に行き、木の陰でイスにすわり、本を開いて、神道の教えを学ぶことも多かった。

神の道＝神道という考え方

神道は「神の道」あるいは「神々の道」を意味するが、自然崇拝、および祖先崇拝の要素とも結びついている。その根底にある思想は、神々、人類、また自然がみな共通の先祖に発しているという観念である。

だから山も、谷も、滝、池、木、花、さらには生きているものも死んだものも、みな一つの永遠的な家族の一員とされる。そのライフ・サイクルは神的な力によって導かれている、と考える。

この力、および先祖の霊を崇《あが》める気持ちから、神道信奉者は現在の生と、より良い未来の希望を持てることに感謝を捧げる。神道には、教理を書きつづった教典はない。また偶像もない。全能の神もいない。だが、

「人々がこの国の伝統を守り、先祖の歩んだ道に従うならば、神々は峡谷《きょうこく》の水をして、やがて畑に米を実らせ、豊かな収穫をもたらす」

そこに神道の考え方がある。この「先祖の歩んだ道に従う」ことは、神を崇《あが》めることでもあり、それが神道の信仰の中心である。

「カミ」という言葉の語源は、古代の他の謎とともに失われ、定かではない。狭い意味では、それは上《かみ》なる者をさす。また「ヤシロ」（社）と呼ばれる聖所に降臨する霊をさす。しかしその広い意味については、一八世紀の偉大な神道学者、本居宣長《もとおりのりなが》が次のように述べている。

「すべて神とは、いにしえの御典《みふみ》などにみられるように、天地の諸々《もろもろ》の神に始まり、その祀《まつ》った社《やしろ》にいます御霊《みたま》をも言う。さらに、人はもちろんのこと、鳥、獣、木、草のたぐい、海、山、また他にも、何であれ尋常でなく、すぐれた徳があり、かしこき物をカミという。この『すぐれた』とは、尊さ、善、功績などにおいてまさっているものだけをいうのではなく、悪《あ》しきもの、奇《あや》しきものなどであっても、世にすぐれてかしこきものならば神というのである」

神道の特徴

神はすべて神社において祀《まつ》られている。また神社でなくても、自然の中で美しさのきわだった所や、巨木、巨石などはしばしば「注連縄《しめなわ》」を張られて、神聖視されている。注連縄とは、わらで作ったロープで、白いジグザグの紙を等間隔につけたものである。また自然のあちこちに、祠《ほこら》（神を祀る小さな堂）が設けられている。

神社の境内《けいだい》は、たいてい長方形をしている。そこには幾つかの木造建築物が建ち、周囲には一つ、または幾つかの聖なる囲いが設けられている。その入り口には「鳥居《とりい》」が立っている。これは二つの柱と上部の横木からなる宗教的な門である。

鳥居をくぐって境内に入ると、すぐ参道わきに「手水舎《てみずや》」がある。たいていは石造りのたらいだが、そこに竹製の柄杓《ひしゃく》が置かれ、参拝者はそこに流れ入る水で手を洗い、口をすすいで、清めなければならない。もう少し中へ進むと、社務所と呼ばれる事務所がある。神官らはそこで事務的な用事にあたっている。

踊りを舞う舞台（神楽殿《かぐらでん》）を備えた神社もある。一方、日本の国家的な神社である伊勢《いせ》神宮には、天皇が代々、天照大神《あまてらすおおみかみ》に捧げてきた特別な馬［＊「神馬《しんめ》」と呼ばれる］が飼われている御厩《みうまや》が、入り口近くにある。また多くの神社は参道わきに「灯籠《とうろう》」があり、特別な行事の時には、そこに灯がともされる。

中央の参道は神社の拝殿に通じている。その向こうに本殿がある。小さな神社では、拝殿と本殿は一つの建物内にあるが、大きな神社では、両者は別々の建物になっている。本殿とは至聖所《しせいじょ》、すなわち最も神聖な所で、宗教的表徴となる神聖な器具が安置されている。本丸い鏡や、宝石、小石、あるいは剣や槍《やり》のようなものだが、そこに神の霊が降臨するのである。

これら象徴的な器具は、「霊代《みたましろ》」と呼ばれて神聖視され、神官たちですら正視することは許されない。ふつう本殿には、神官しか立ち入ることは許されない。それも、祀られた神を礼拝するときだけである。

神道の祈りと祭

儀式は非常に単純だ。礼拝の開始を告げる太鼓の音が鳴り響くと、神官は手を洗い、口をすすぎ、本殿の前の拝殿《はいでん》に入る。古代の音楽が奏でられて礼拝が始まると、宮司は、八つの脚を持つテーブルの前に座す。テーブルの上には米、酒、野菜、魚などの供え物が、

神道の供え物 ―種なしパン（餅）、米ワイン（酒）、初物。（種なしパン、ワイン、初物は古代イスラエル人の供え物と同じ。イスラエル人が正月に種なしパンを７日間食べるように、日本人も餅を正月に７日間食べる。またイスラエルの供え物には必ず塩が付されたように、神道の供え物にも必ず塩が付される。）出典：『［新装版］日本固有文明の謎はユダヤで解ける』ヒカルランド

小さな木製の台に載せられて並べられている。

宮司はその前で祈禱《きとう》を唱える。それが終わると、神官の一人がうやうやしく供え物をテーブルから運び上げ、本殿の前まで持っていく。すなわち「霊代」のおかれた本殿のすぐ前である。その後、参列者全員が本殿に向かって二度、伏《ふ》し拝《おが》む。また皆が「柏手《かしわで》」といって手をたたくことをし、その後再び二度伏し拝む。それから拝殿を出るのである。

その儀式は神官たちだけで行なわれるが、多くの神社は年の節々に「祭」を行なっている。祭には、土地の者たちが参加する。また天皇家でも行なわれる。最も重要な祭は、豊作を祈る「祈年祭《きねんさい》」(としごいのまつり)、初穂《はつお》の祭である「新嘗祭《にいなめさい》」、また清めの儀式「大祓《おおはらい》」である。

祈年祭は、伊勢神宮では毎年二月一七日に行なわれている。そこには天皇の代理の者も参列する。儀式では、天照大神に対する捧げ物がなされる。豊作が祈られ、秋には、たわわに実った収穫を捧げることができるようにとの、願いが込められる。

一方、新嘗祭は、一一月二三日の真夜中、宮中の聖所において天皇が自ら祝う。これは神道のすべての祭儀の中でも、最も厳粛で、最も神秘にみちたものである。収穫を感謝するその儀式は、天皇自らが大祭司として、かがり火の薄明かりのもとで執り行なう。神を礼拝するためであるが、その神の名は決して明かされない。

大祓

つぎに大祓《おおはらい》は、清め、あるいは厄払《やくばら》いであるが、人々の身体的、道徳的な罪穢《つみけが》れを払うため、年に二度行なわれる。六月と一二月の最後の日である。その儀式は「祝詞《のりと》」と呼ばれる祈禱《きとう》によって始まる。

その祈禱は、まず様々な「天的な罪」（天《あま》つ罪《つみ》）、および「地上的な罪」（国《くに》つ罪《つみ》）を列挙することに始まる。たとえば、「稲の田んぼに水を引くために設けた溝や樋《とい》を壊してしまう罪」、また、「二種類の種をまく罪」［＊種をまいた畑に別の人が違う種類の種をまいて作物の成長を妨げる］、「近親相姦」「魔術」「人体を傷つける罪」、その他である。

その後、天的な神（天つ神）と地上的な神（国つ神）に対し、それらの罪を取り去って海に投げ込んで下さるように、と祈られる。祈禱が終わると、神官は参列者に向かって「ヌサ」（幣）と呼ばれる、白く細長いジグザグの紙がたくさんついた棒を振り、お祓いをする。

この大祓は、中臣《なかとみ》氏の伝えてきた祭儀として知られている。古代においては、清めの祝詞を読むのは、つねに中臣氏の役目だったのである。中臣氏の先祖は、日本神話によれば、天的祭司「コヤネ」（天児屋命《あめのこやねのみこと》）であった。

「コヤネ」は、日本語としては特にこれといった意味はない。しかし祭司の氏族である中臣氏の系譜を、このように日本神話は、天的な者にまでさかのぼらせる。そうであれば、日本神話の記述の幾つかはおそらく、天的な者というより、じつは古代における遠い先祖の記憶を述べたものだとも解せる。

古代の記録というものは、どこまでが歴史的事実で、どこまでが伝説的な神話であるのか、しばしば区別しがたいのである。

神道の伝統が、天の神々の世界と人間界をつなげて述べるのであれば、日本神話の特徴的な説話を次のように解釈するのは、決して間違いではないだろう。日本神話は、古事記、日本書紀の記述や、一般的伝統により、だいたい次のように要約できる。

日本神話の要約

天地が造られようとしていたとき、地はまだ混沌としていた。それで天の神々一同は、男神イザナギと女神イザナミに対し、

「この漂っている国土をよく整えて、造り固めよ」

と述べる。こうして遣《つか》わされたイザナギとイザナミは、天界に浮かぶ橋の上に立ち、神聖な矛《ほこ》を手に持って、それをさし下ろして地上界をかき回した。そして、矛を引き上げようとするとき、矛の先からしたたり落ちる潮水が、「オノゴロ島」と呼ばれる島を形成したという。

彼ら二神は、その島に降り、そこに天的な柱を立てた。また「八尋殿《やひろどの》」と呼ばれる大きな宮殿を建て、イザナギはそこでイザナミに求婚する。彼らの結婚式は、その柱のまわりを回るという儀式だった。イザナギは柱を左から回り、イザナミは右から回った。

両者が出会ったとき、彼らは互いに「アナニヤシ」と言ったという。そして二神は結婚した。この結婚により彼らは夫婦となり、そののち一四の島々と、三五の神々を生み出していく。しかし火の神を生んだときに、イザナミの陰部が焼け、彼女は死んでしまう。

こうして夫イザナギは、妻イザナミを失った。その後、イザナギは死の汚《けが》れを払うために川の流水に自分の身を浸して、禊《みそ》ぎ（清め）を行なう。

その禊ぎにおいて、彼が左目を洗ったとき、太陽の女神「アマテラス」（天照大神）が成り出《い》でたという。また右目を洗ったとき、月の神「ツクヨミ」（月読命）が成り出でた。さらに鼻を洗ったときには、「スサノオ」（素戔嗚尊）が成り出でたという。

彼ら三神が生まれたことを喜んだイザナギは、アマテラスに対し「天の平原（高天原《たかまがはら》）

を治めなさい」と言う。一方ツクヨミに対しては「夜の世界を治めなさい」と、またスサノオに対しては「海原《うなばら》を治めなさい」と言う。

アマテラスとツクヨミは、それを受け、忠実にその役につく。ところがスサノオは、泣きわめいて涙を流し、海洋を支配することをいやがる。彼は、他の地に行きたかった、とこぼす。こうしてスサノオが、いつまでも泣きやまないので、イザナギはついに怒り、スサノオを去らせることを決心する。

天岩屋戸神話

スサノオはそこを去ることになるが、旅に出る前に、まず天界に上って姉のアマテラスに事情を述べたいと思う。こうしてスサノオは天界に着く。だが、彼はそこで乱暴狼藉《ろうぜき》を働く。アマテラスはそれを我慢しているが、しだいに耐え難いものとなり、ついに彼女の怒りが爆発する。彼女は天界の岩穴（天岩屋戸《あめのいわやと》）に閉じこもってしまう。

それにより天界（高天原）と、葦原中国《あしはらのなかつくに》（日本）は、全き暗闇と化してしまうのである。この突然の暗闇により、全宇宙はたいへんな混乱となる。神々の嘆きが至るところで聞かれた。やがて神々は天的な祭司「コヤネ」を呼び寄せる。すなわち神道の祭司一族＝中臣氏の先祖である。

神々はコヤネを呼んで、アマテラスを洞窟《どうくつ》から出す方法はないかと、善後策を練った。

コヤネは他の神の助けを得ながら、「サカキ」（榊、賢木）と呼ばれる神聖な木の枝をとり、それを洞窟の前に置く。サカキには大きな鏡（八咫鏡《やたのかがみ》）と、ヤサカの勾玉《まがたま》が掛けられていた。

そのときコヤネは、アマテラスの洞窟の前で、おごそかに「詞を申し上げて祈った」。

その詞が具体的にどういう言葉であったか、『記紀《きき》』（古事記と日本書紀）には記されてい

ない。だが伝説によれば、それは、

「ひい、ふう、みい、よお、いつ、むう、なな、やあ、ここの、とうぉ」

という言葉であったという。これを聞いたときアマテラスは、

「この頃、人がいろいろなことを言ったが、こんなに嬉しいことを言ったのはなかった」

（日本書紀「一書（第三）にいう」内）

と言っている。すなわち、それはアマテラスを嬉しがらせる内容と、意味を持った言葉

だったのである。

それを聞くと彼女は、洞窟の戸を少し開けて、外をのぞいた。すると戸のかげに隠れて

いたもうひとりの神が、すかさずその戸を大きく引き開けた。こうして太陽の女神の光は、

再び全宇宙に満ちたという。

その光のもとで、天的な祭司コヤネは、大いなる祓《はら》いの祝詞《のりと》を唱えた。すなわち、スサノオによって汚れてしまった天界が清められるようにと、祈ったのである。神々たちは喜んだ。

天に平和が戻ると、女神アマテラスは、自分の孫であるニニギ（ニニギノミコト）に、鏡と、剣、またヤサカの勾玉の首輪を与えた。そしてニニギを、葦原中国（日本）に送ったのである。また彼女は、天的祭司コヤネと、他の幾人かの神々を、ニニギに同行させた。そののち紀元前六六〇年に、日本書紀によればニニギの曾孫《ひまご》にあたる神武《じんむ》天皇が、ヤマトの国の支配者として即位した。

大祓の「罪」と聖書の「罪」は同じものを指す

以上、簡単に述べたが、これが日本人の起源に関する日本神話の要約である。

アマテラスがニニギに与えた鏡、剣、ヤサカの勾玉——いわゆる「三種の神器《じんき》」は、いまも日本の皇位継承のしるしとして用いられている。そして神道は、その起源を神話時代にさかのぼらせるのである。

一見すると、この神道も、また日本の神話も、他の国とは何の関係もないようにみえる。すべてが日本の国土に発したものと思えるだろう。しかしもっとよく調べてみると、神道の最も中心的な概念は、じつは古代イスラエル起源であることがみえてくる。右に述べた日本神話の中にも、それがみえているのだ。

たとえば、大祓の祝詞では「天的な罪」と「地上的な罪」の数々が列挙されるが、そのほとんどは、旧約聖書中に述べられた罪の種類と同一なのである。たとえば、近親相姦の罪に関し大祓の祝詞は詳しく述べているが、その内容は、旧約聖書のレビ記一八章六〜二〇節に述べられた近親相姦の罪に酷似している。

また大祓の祝詞は、「畑に二種類の種をまく罪」（頻蒔《しきまき》）を語っているが、これも旧約聖書が述べる罪の一つである。

「一つの畑に二種の種を蒔《ま》いてはならない」（レビ記一九章一九節）

と聖書は語っているのである。

「アナニヤシ」はヘブル語でこそ意味をなす！

さらに、イザナギとイザナミの結婚は、古代イスラエルの伝統に則《のっと》っている。今日のユダヤ人も守っている伝統だ。

また天的祭司であるコヤネが、天の洞窟から女神アマテラスを誘い出すために唱えた言葉は、日本語ではこれといった意味はない。だがヘブル語としてみると、よく意味の通る言葉として理解される。

一体どういうことなのか、説明しよう。まず結婚式についてである。

古代イスラエル、および現代ユダヤ人の間でもそうだが、結婚式では花嫁が、立っている花婿のまわりを回る習慣になっている。花婿は「天的な柱」に見立てられているからである。「天の柱」という言葉は聖書にも出てくる（「天の柱は揺らぎ……」ヨブ記二六章一一節）。

イザナギとイザナミの二神は、天の柱のまわりを回って「アナニヤシ」と言ったとき初めて、公式な形で夫婦となった。この「アナニヤシ」は、日本語としてはこれといった意味はない。しかしもしこれが、ヘブル・アラム語の「アナ・ニーサ」（Ana-nisa）が若干なまったものであるとすれば、「私は結婚する」の意味なのである。「アナニヤシ」という言葉は古事記に記されている。

（ヘブル語とアラム語は、兄弟言語であり、近縁関係にある。古代イスラエル人はヘブル語を話したが、捕囚地《ほしゅう》のアッシリアはアラム語であった。時代により、また地域により、イスラエル人

もアラム語を話した。旧約聖書も、一部はアラム語で書かれている。また今日もユダヤ人の祈りの中には、アラム語のものもある）

「ひい、ふう、みい……」もヘブル語で読めば、わかる

一方、天的祭司コヤネが言った祝詞《のりと》の言葉「ひい、ふう、みい……」は、『記紀《きき》』（古事記と日本書紀）には記されていないが、この言葉は日本の伝統の中に深く刻み込まれている。それは今日、一から一〇までの数をかぞえる言葉として、日本人の間で広く使われている。

しかし、これがもともとヘブル語であったことは明らかだ。すなわちコヤネが言った、

「ひい、ふう、みい、よお、いつ、むう、なな、やあ、ここの、とうぉ」

は、若干のなまりを考慮するなら、次のようなヘブル語として解される。

「ひぃ、ふぁ、み、よお、つぃぁ、ま、なね、や、かへな、たゔぉ」

これをヘブル文字を使って書けば、次の通りである［＊ヘブル語は右から左へ書く――ここでは下から上へ］。

הי–פה–מי–יו–ציאה–מה–נענה–י–קחנה–תבוא

このうち、区切りを少し減らして書くと、これは次のような文章と解される。

היפה, מי יוציאה: מה נענה יקחנה תבוא

すなわちこれは、

「ハイアファ　ミ　ヨツィア　マ　ナーネ、ヤカヘナ　タヴォ」

と発音され、

「誰がその美しいかた（女神）を出すのでしょう。彼女に出ていただくために、いかなる言葉をかけたらいいのでしょう」

の意味なのである。今日もヘブル語を解する者ならば、誰もが読み、また理解できる言葉だ。だからこそ、これを聞いたときにアマテラスは、

「この頃、人がいろいろなことを言ったが、こんなに嬉しいことを言ったのはなかった」

と述べたのである。

日本人は今日、「ひい、ふう、みい……」を単に数をかぞえる言葉として使っているが、「なぜそう言うのですか」「どういう意味があるのですか」と聞いても、「伝統的にそう言うのです」としか答えない。

しかし、それはもともと完璧なヘブル語なのである。そしてその内容は、コヤネがアマテラスを洞窟から誘い出そうとして言った祝詞の場面に、まさにピッタリしている。これ

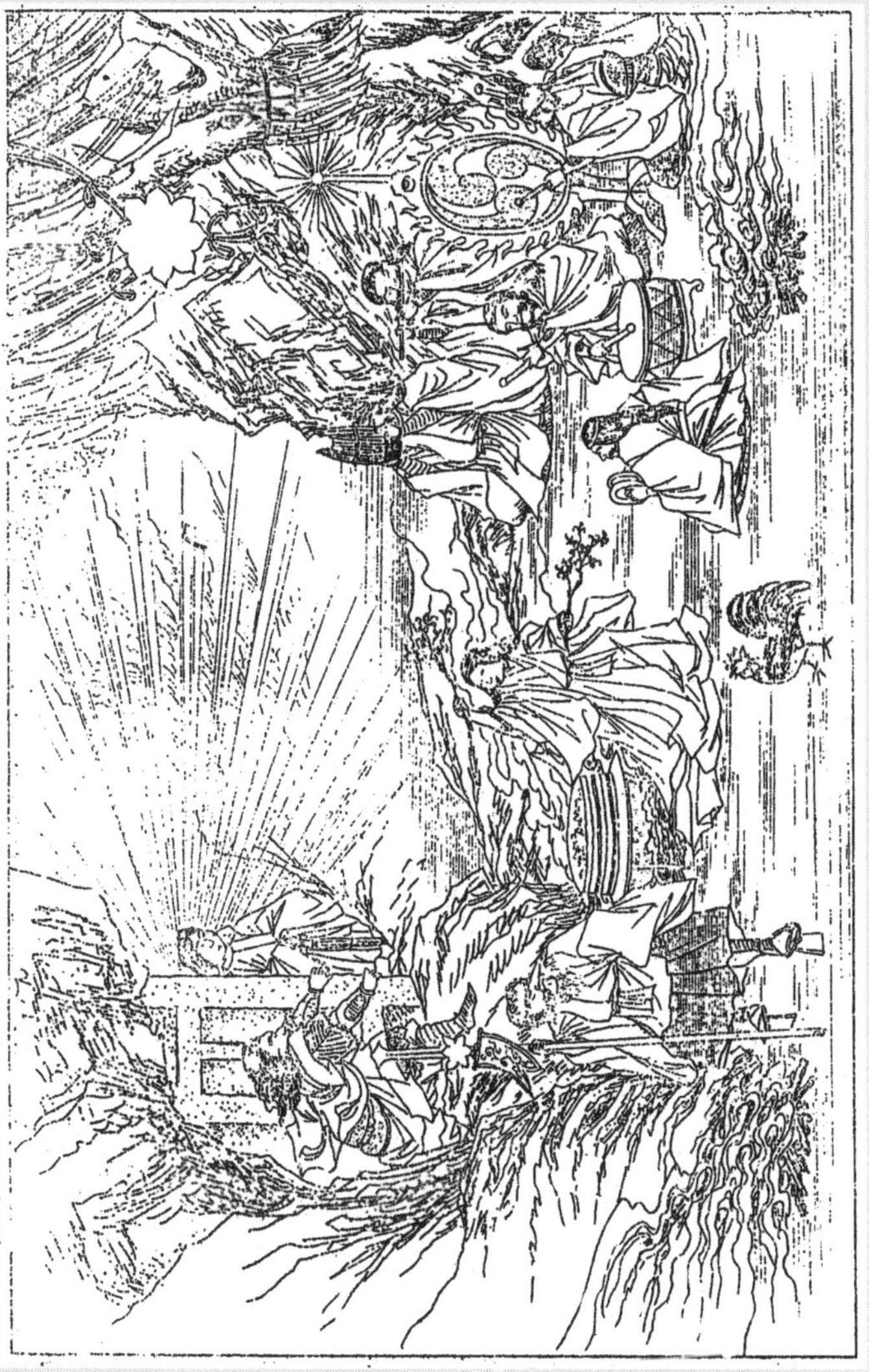

天岩《あめのいわ》屋《や》戸《ど》に隠れたアマテラス。ウズメが前で踊り、女祭司コヤネが祈禱文を唱えている。その祈禱文が「ひい、ふう、みい……」だったと言われる。日本語としては何のことかわからないが、ヘブル語として解釈すると、この情景にぴったりの言葉になる。出典：『[新装版] 日本固有文明の謎はユダヤで解ける』（ヒカルランド）

が果たして偶然だろうか。

神道用語の多くはヘブル語そのもの

「ひい、ふう、みい……」だけではない。「コヤネ」という名も、日本語としてはこれといった意味がなく、また「シャムショ」（社務所）、「ヤマト」（大和、倭）、「ヤシロ」（社）、「ヤサカ」（八坂）などの言葉も、どれも古代の謎に包まれ、語源がはっきりしない。しかし、みなヘブル語起源と思われる。

「コヤネ」は、天界における祭司だっただけでなく、神道の祭司一族である中臣氏の先祖でもあるが、その名は、アラム語で祭司を意味する「カハナ」（kahana）が、何世紀もの間になまったものかもしれない。あるいはヘブル語の「コヘン」（kohen　祭司）から来たものだろう。

一方「シャムショ」（社務所）は、ヘブル語の「シャマシュ」（shamashut）から来たものかもしれない。これは「仕える」の意味である。今日もシナゴーグ（ユダヤ教会堂）には「シャマシュ」があり、そこで事務的な仕事が行なわれている。

「ヤマト」は、日本書紀によると、イザナギとイザナミの結婚後、彼らによる国生みの際

〔日本語としては意味をなさない言葉も
ヘブル語では意味をなす〕

←（ヘブル語は右から左へ読む）

ト　マ　（ウ）　ー　ヤ

ヤマト　יה אמותו　（「ヤハウェの民」の意）

（彼の民）　（ヤハ）
（ヤハウェの短縮形）

サ　ニ　ナ　ア

アナニヤシ　אני נשא　（私は結婚する）

（結婚する）　（私は）

カ　サ　ヤ

ヤサカ　יה סכה　（神を見る：神に信頼を置く）

（見る）（ヤハ：ヤハウェ）

ト ー ク ー マ　　ン ロ ム ヨ シ

スメラミコト　שומרון מלכותו〔サマリアの王(国)〕

（彼の王国）　（サマリア）

ひい、ふう、みい、よお、いつ、むう、なな、やあ、ここの、とうぉ

ア ィ ツ ヨ　　ミ　　ァ フ ァ イ ハ

היפה, מי יוציאה;

（出すのか）　（誰が）　（その美しいかた）

ォ ヴ タ　　ナ ヘ カ ヤ　　ネ ー ナ　　マ

מה נענה יקחנה תבוא

（彼女が来るため）（彼女を連れ出すため）（応答すべきか）　（何を）

［誰がその美しいかた（女神）を出すのでしょう。彼女に出て
いただくために、いかなる言葉をかけたらいいのでしょう］

に、日本人が住むために誕生した土地の名とされている［＊二神はまず淡路洲《あわじのしま》（淡路島）を生み、次に大日本豊秋津洲《おおやまととよあきつしま》（ヤマト）を生んだ］。
「ヤマト」は、日本語としてはこれといった意味はない。しかし、ヘブル・アラム語で「ヤー・ウマト」（Ya-umato）という二語は、続けて「ヤー・マト」（Ya-'mato）と発音され、これは「ヤハウェの民」の意味なのである［＊「ヤー」は、ヤハウェの短縮形ヤハ＝神の御名。「ウマト」は民の意味］。

　土地の名前というものは、そこに住むに至った人々のアイデンティティを示すものであることが多い。すなわち、「ヤマト」（ヤハウェの民）は日本列島に移住してきて、そこに安住の地を見いだしたので、そこを「ヤマト」と呼んだのではないか。

　また日本人が、自分たちの国を「スメラ（Sumera）の王国」と呼んでいることも、興味深い。天皇は「スメラ・ミコト」（スメラの君主）の称号で呼ばれている。これが「サマリア（Samaria）の王国」、すなわちイスラエルの失われた十部族の故郷の名によく似ているのは、偶然だろうか。

古代イスラエル人の宗教は神の道＝神道だった

一方「ヤサカの勾玉」は、コンマの形をした特殊なビーズ（じゅず）であるが、古代日本人はそれをお守り、魔除《まよ》けとして持った。日本書紀によれば、これはアマテラスが孫のニニギに与えたものである。それは権威のしるしであった。

今日も、それは「三種の神器」の一つとして、日本の天皇の皇位継承のしるしとなっている。「ヤサカ」は、日本語として特にこれといった意味はない。しかしヘブル語で「ヤー・サッカ」（Ya-sakha）は、「神を見る」を意味する言葉であって「＊「ヤー」はヤハウェの短縮形ヤハ、「サッカ」は見る」、「神に信頼をおく」といった意味と解せられる。

またこれに関し、このビーズがコンマの形をしていることにも意味がある。それは糸に通して垂らした状態において、ちょうどヘブル文字の一つ「ヨッド」（’）にみえる。それは「ヤ

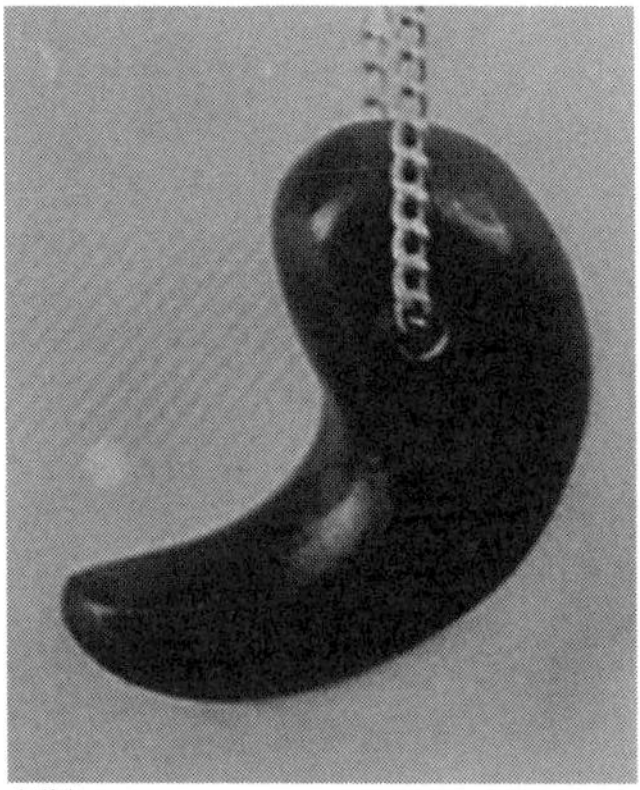

勾玉《まがたま》の形はヘブル語で「ヤー」（神の御名）と読める。

ー」とも発音され、伝統的に神の御名を表すものとして使われてきた文字なのである。

「ヤー」（ヤァ、ヤハ、ヤ）は、神の御名ヤハウェの短縮形として、ヘブル語の様々な言葉の中に入っている。よく知られた例は「ハレル・ヤ」（ヤハウェをほめよ）であろう。それと同じように日本神道のイスラエル起源を示す「ヤー」という神の御名が、ヤマト言葉の中に、はいっていてはいけない理由があるだろうか。

「神道《しんとう》」という言葉は、日本書紀に初めて現われる。用明《ようめい》天皇（在位五八五～五八七年）に関する記述に、

「天皇は仏法を信じ、神道を尊ばれた」

とある。また、この用明天皇の時代に、「神道」の言葉を刻んだ硬貨が初めて作られたと広く信じられている。それは、外国から新しく入ってきた仏教と、古くからある日本の宗教とを区別する言葉であった。

日本人は古くから、先祖伝来の宗教を「～教」「～イズム」（主義）としてではなく、「神の道」（The Way of God）として捉えてきたのである。しかし「神の道」なる語は、聖書中の至る所に現われる。たとえば創世記一八章一九節にも、

「主の道を守り……」

という言葉がある。「神の道」「神道」は古代イスラエル人の宗教であった。この素晴ら

しい一致は、果たして偶然の結果だろうか。

太陽神に捧げる馬の風習もまた同じもの

日本の伝統の中に古くから存在し、かつ聖書にも記されている風習の中で、もう一つの興味深い例は、「太陽神に捧げる馬」の風習である。聖書は、南王国ユダの王ヨシヤ（治世前六四〇～六〇九年）が行なった宗教改革に関し、次のように記している。

「彼はユダの王たちが太陽にささげて、主の神殿の入り口……の傍《かたわ》らに置いた馬を除き去（った）」（列王記《れつおうき》下二三章一一節）

しかし日本の天皇家では、今もこの風習を続けている。すなわち歴代の天皇は、太陽神アマテラスに馬を捧げてきたのである。今日も天皇家の神殿である伊勢神宮の入り口近くに、天皇家が捧げてきた馬のいる馬小屋がある。

この馬は今日、伊勢神宮の内宮《ないくう》と外宮《げくう》に、それぞれ二頭ずついる。そして月に三度（毎月一日、一一日、二一日）、彼ら馬たちは美しい布をかぶせられ、拝殿の前に連れて行かれる（伊勢神宮パンフレットより）。

さて、ここで少しばかり、あの神話的な天的祭司コヤネに話題を戻そう。古事記と日本書紀によれば、彼は、神道の祭司一族＝中臣氏の先祖である。先に述べたようにコヤネとは、ヘブル語の「祭司」という言葉から来たに違いない。これが単なる憶測ではないことは、次のことからも言える。

ヘブル語で「祭司」を意味する「コヘン」という言葉を、ヘブル文字で書いてみよう――ただし縦書きに（左ページ上図）。すると、これはじつは日本人なら誰でも読める言葉である。日本人はこれを、カタカナの「コハノ」と読むだろう。

また、真ん中の「ハ」という文字は、日本語では「ヤ」とも発音される。それで「コヘン」というヘブル文字が、日本語で「コヤノ」と発音された可能性がある。それがやがて「コヤネ」になまったに違いない。こうして天的祭司「コヤネ」の名前が生まれたと、考えられるのである。

このコヤネの例をみるとき、「古代日本人はヘブル文字を知っていたのだろうか」という疑問が、当然わき起こってくる。実際、日本人が使っている「カタカナ」と「ひらがな」の両方に、ヘブル文字が含まれていることは明らかなのだ。それは次にみるように、日本における文字の変遷をたどってみるとき、さらにはっきりしたものとなる。

ヘブル文字で「コヘン」（祭司）と縦書きにしたもの。

伊勢神宮の入り口近くにいる神馬。これは歴代の天皇が太陽神アマテラスに捧げてきた馬であり、まったく同様の風習が古代イスラエルにあった。

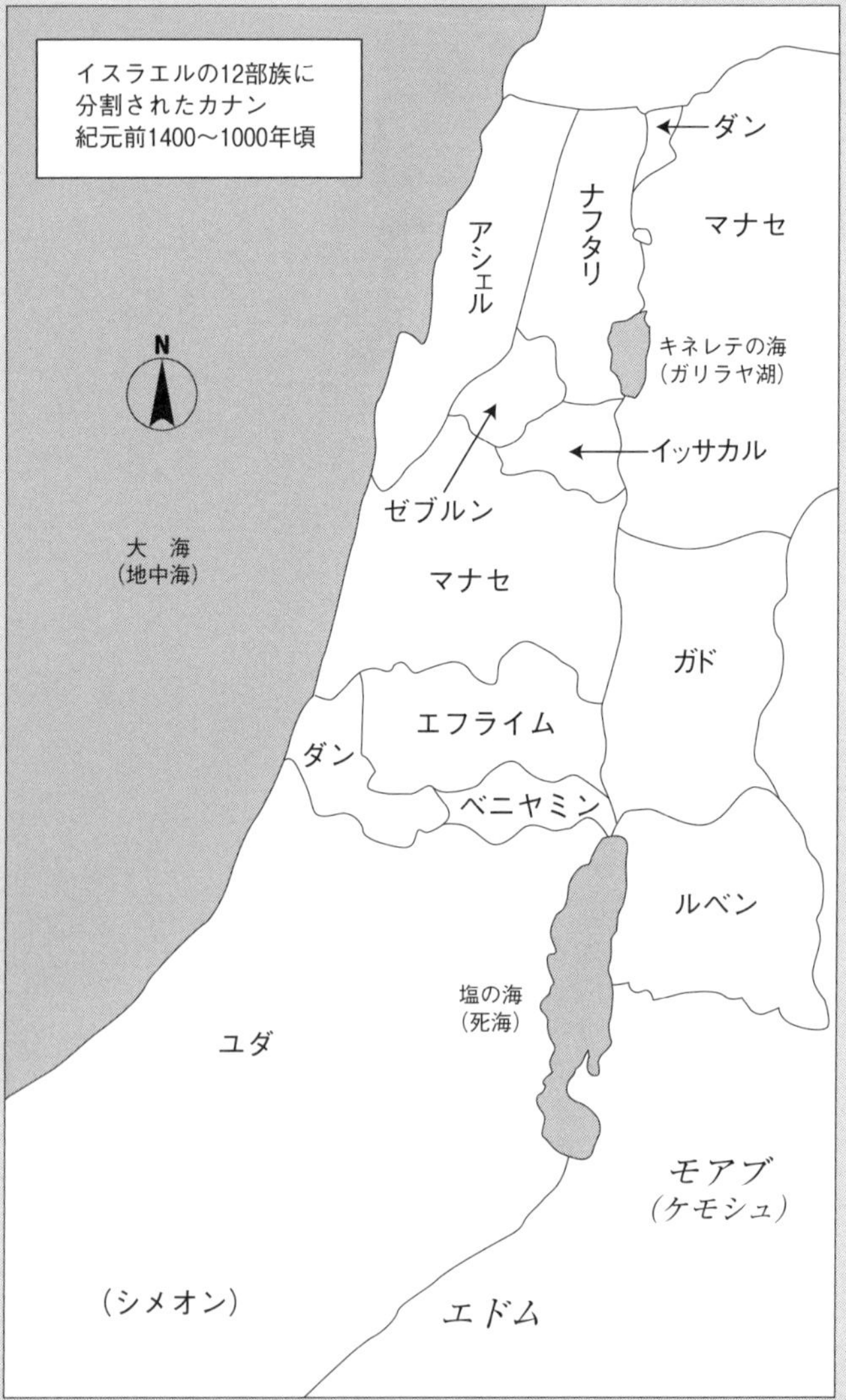

ユダヤ人の伝統的な理解によれば、イスラエルの失われた十部族はいずれ回復し、祖国へと帰還する。そのとき、同時期にメシアの来臨もまた起こる――つまり、日本人が失われた十部族であると両民族が認知するとき、世界にかつてない平和と変容がもたらされると信じられているのである。また、トケイヤー氏によれば、偽ユダヤ人とされているアシュケナジーもDNA鑑定によって、スファラディと同じ真正のユダヤ民族であることが証明されているという。〔地図出典：『日本・ユダヤ封印の古代史』〕

第三章　大化の改新の詔《みことのり》のオリジナルは、聖書とユダヤ民族にあった！

日本への漢字と仏教の伝来

日本に初めて漢字が伝えられたのは、西暦四〇〇年頃、朝鮮半島から「王仁《わに》」と呼ばれる人物が来日したときであると、一般に言われている。王仁は学者で、中国の教典を教えるために日本に招かれたのである。

以後、漢字の使用がしだいに日本に広まっていった。やがて、日本語を記述するための公式な文字として採用されることになる。こうして日本は、中国文化を吸収し、とくに仏教を取り入れるための基礎を持つようになった。

先に述べたように、仏教は五五二年、欽明《きんめい》天皇の時代に日本に入った。そのとき仏像や、旗、また仏教経典などが、日本にもたらされたのである。それら朝鮮半島からの贈り物には、「仏教は理解に難《かた》く、説明するのに困難である」というメッセージがついていた。

欽明天皇は、こうした贈り物が朝鮮半島からなされたことを、祈りが聞かれたしるし、また祝福であると思って喜んだ。だが、この外国の宗教＝仏教を日本に受容すべきか、それとも排斥すべきかについては、決めかねていた。

天皇は、その問題を臣下たちと相談する。しかし臣下たちの意見は真二つに分かれる。

それは政治的問題に発展していくのである。

当時、二つの大きな政治勢力、二大氏族があった。一つは蘇我《そが》氏で、そのトップは朝廷において「大臣《おおおみ》」と呼ばれる執政官《しっせいかん》の地位にあった。もう一つの氏族は物部《もののべ》氏で、「大連《おおむらじ》」の役にあり、武器庫を管理していた。

蘇我氏は仏教推進派であった。彼らは、大陸では仏教が受け入れられているのだから日本もそうすべきだと、天皇に進言した。一方、物部氏は、祭司一族であった中臣《なかとみ》氏と共に、仏教受容に反対した。彼らは、もし外国の宗教が日本に入ってくるなら日本古来の神道の神々の怒りを買うことになるだろう、それは国全体に非常な災難をもたらすだろう、と言った。

仏教伝来と共に災難が降りかかる

天皇は彼らの対立する意見を聞いたのち、蘇我氏に仏像をゆだね、仏教信仰を許可した。そして、蘇我氏の家に仏像が安置されて後まもなく、災難が日本にふりかかってきた。多くの人命が失われた。物部、中臣の両氏族は、その災難のゆえに仏像を非難した。彼らは天皇のもとへ駆けつけて、仏像を破壊させてくださいと嘆願する。

天皇は許可したので、役人が仏像を取り上げ、川に流し捨てた。また仏像を置いていた寺に火をつけ、焼き払った。

だが、こうしたことにもかかわらず、蘇我氏は仏教受容の意図を捨てようとはしなかった。寺が焼かれてから三〇年後、彼らは新しい仏像を得、それを拝むための新しい寺を建造した。また、仏教を信仰する人々の小さな集会を持つようになった。そこには一人の仏師と、三人の尼がいた。

しかし新しい寺ができてまもなく、また別のひどい災難が、国中にふりかかってきた。疫病《えきびょう》が、国に流行したのである。それで物部、中臣の両氏族は、再び仏像を非難した。彼らは天皇の同意を得て、その寺を焼き払い、仏教信者たちを散らした。

ところが、その後まもなく、天皇自身も疱瘡《ほうそう》（天然痘《てんねんとう》）の病に冒された。また国の多くの人々が苦しみの中に死んでいった。蘇我馬子《そがのうまこ》も、疱瘡に冒されていたが、

「私の病気が重く、今に至るも治りません。仏の力をこうむらなくては治ることは難しいでしょう」

と言うと、天皇は、

「お前一人で仏法を行ないなさい。他の人にさせてはならぬ」

と言い、彼の仏教信仰を限定的に許可した。蘇我馬子は喜び、新しい寺をつくって、そ

仏教が最初に日本に紹介された様子――朝鮮半島から最初の仏像がもたらされる（A.D.540年）。仏像とともに疫病が入ってきて、人々がバタバタと倒れた。それで神道派の人々は、仏像を「疫《やく》病神《びょうがみ》」と呼んだ。出典：『［新装版］日本固有文明の謎はユダヤで解ける』（ヒカルランド）

こに仏像を迎え入れ、拝むようになった。

仏教派と神道派の対立

このの\u3061、仏教はしだいに日本に広まり、やがて日本で大きな勢力となっていく。それは次のようにして起きた。

蘇我氏と物部氏の政治的・宗教的な対立は、その後も続いていた。やがて、それは全面対立となり、ついには内戦に発展していく。というのは、五八七年に、誰が天皇になるかということで論争が生じたが、このとき蘇我氏は、すばやく軍事行動を起こしたのだ。

蘇我氏は、天皇になると目されていた皇子［＊穴穂部皇子《あなほべのみこ》と宅部皇子《やかべのみこ》］を急襲し、殺害した。それに続き蘇我氏は、宿敵・物部氏に矛先《ほこさき》を向けた。こうして両氏族の間に激しい内戦が始まったが、結局、それは物部氏の決定的な敗北をもって終結する。勝利した蘇我氏は、そのの\u3061日本の支配的氏族となって君臨する。

蘇我氏はまた、崇峻《すしゅん》天皇さえも暗殺する。こうして彼らは対立勢力を払いのけ、もはや誰も彼らに反対する者はいなくなった。蘇我氏は自分の好む者を、天皇の座にすえる力を持つようになったのである。彼らは女帝・推古《すいこ》天皇を立てた。また国政を助けるために

「厩戸皇子《うまやどのおうじ》」が摂政《せっしょう》に任命された。

推古天皇も、厩戸皇子も、熱心な仏教信者だった。厩戸皇子とは、聖徳太子のことである。彼は、内戦のときは蘇我氏側について戦った。そして仏教を日本に広めるために、熱心に活動した人物とされる。

聖徳太子の功績の中で最も重要なのは、「一七条憲法」として知られる成文法の制定である。ただしそれら一七の条項は、基本的には「憲法」というより、むしろ倫理的な条項だったと言ったほうがよい。それらは、国家の繁栄の基礎は民と天皇の間の「和」にあることを、説いていた。またその「和」は、天皇の権威に対する服従、および仏教への帰依によって達せられるとした。

ヤマト民族の歴史書の焼失

実際、当時すでに仏教は、多くの人々に受容され始めていた。朝廷は仏教を好み、仏像を安置する寺も各地に造られた。また仏教を学ぶため、留学生たちが中国に送られた。その結果、仏教は日本の文化と宗教において、中心的な地位を獲得した。

その一方、日本人の真のルーツは忘れられるようになり、神道はしだいに忘却へと押しやられた。事実、神道は抹殺されかかったのである。というのは蘇我氏［＊蘇我入鹿《いるか》］は、国家をかすめとろうとし、天皇家から神道の「三種の神器《じんき》」を取り上げようと謀《はか》ったからだ。

しかしその陰謀は成功しなかった。六四五年、皇極《こうぎょく》天皇の治世に、神道の祭司長（神祇伯《じんぎはく》）であった中臣鎌子《なかとみのかまこ》［＊藤原鎌足《ふじわらのかまたり》］は、意志を同じくする者たちと共に決起。蘇我入鹿を斬《き》り、蘇我政治の野望に終止符を打った。

またそのとき、蘇我氏のトップ［＊入鹿の父・蝦夷《えみし》］は自害したが、死ぬ前に自分の邸《やしき》に火を放ち、日本古来の大切な「天皇記・国記・珍宝をすべて焼いた」。

この歴史書の焼失事件の直後、女帝・皇極天皇は皇位から退いた。そして、彼女の弟である孝徳《こうとく》天皇が即位したが、彼は「仏法を尊んで、神々の祭を軽んじる」人物だった。

だが、この新政権のもとで中臣鎌子が、政務長官（内臣《うちつおみ》）となった。彼の主導のもと、新政府は、「大化《たいか》」の時代が始まったことを宣言した。新政府は政治的、社会的、また宗教的な改革に乗り出したのである（六四五年）。これが、「大化の改新」と呼ばれる大改革であった。

その改革運動の中心にいた中臣鎌子は、先に述べたように、仏教を日本にもたらした蘇我氏に対立した神道の祭司長である。

したがって大化の改新の主要な目的は、まず神道を、日本の国家的宗教の座に回復させることにあったと言ってよいだろう。そして私たちがこれからみていくように、じつは大化の改新で制定された新しい法律の多くは、古代イスラエルの伝統にきわめてよく則《のっと》ったものだったのである！

以下、大化の改新で施行された新法の幾つかと、古代イスラエルの伝統とを比較してみよう。大化の改新のことは、日本書紀に記されている。その記述と、旧約聖書とを比較してみると興味深いことがわかる。

大化の改新に関する日本書紀の記述と聖書との比較

大化時代の開始

「大化」時代は、皇極天皇の治世第四年の七月一日に始まった。そのときを大化元年としたのである。じつは七月一日というのは、ユダヤでは新年にあたる。聖書はこの日を「聖なる集会」の日としている。

「イスラエルの人々に告げなさい。第七の月の一日《ついたち》は安息の日として守り、角笛《つのぶえ》を吹き鳴らして記念し、聖なる集会の日としなさい」（レビ記二三章二四節）

捧げ物

大化の政府は、その年の七月一四日に使節を遣わし、神道の神々に捧《ささ》げるための捧げ物を集めたと、記されている。一方、聖書では、ユダヤ暦七月一四日の夕方から「仮庵《かりいお》の祭」が始まる。その祭では、神殿において捧げ物がなされるので、一四日にはその捧げ物が用意された。

奴隷の子

大化の政府は、男女に関する法を定め、その中で「もし二つの家の間で男奴隷と女奴隷が子を生んだなら、その子は母につけよ」としている。

一方、旧約聖書は、もし主人が男奴隷に女奴隷を妻として与え、彼らが子を生んだ場合、その子は母につけよ、としている。そして子も母もその主人に属して、男奴隷は自由の身となり、独身で去らねばならないとしている（出《しゅつ》エジプト記《き》二一章四節）。

土地再分配

大化の政府は「班田収授《はんでんしゅうじゅ》の法」を作った。これは六年ごとに、農業用地を人々に再分

配するものだった［＊養老令］。一方聖書は、

「六年の間は畑に種を蒔《ま》き、ぶどう畑の手入れをし、収穫することができるが、七年目には全《まった》き安息を土地に与えねばならない」（レビ記二五章三～四節）

としている。日本人は、七年目を土地の再分配に使っていたのかもしれない。

人数に応じた土地

この大化の土地分配は、戸籍《こせき》に基づき、家族の人数に応じてなされた。一方、聖書も、

「人数の多い部族には多くの、少ない部族には少しの嗣業《しぎょう》の土地を与えなさい。嗣業の土地はそれぞれ、登録された者に応じて与えられねばならない」（民数記《みんすうき》二六章五四節）

と述べている。

親族の死

大化の改新の詔《みことのり》は、

「死者のために生きている者が断髪したり、股《もも》を刺したりして、誄《しのびこと》（死者の徳行功績をほめたもの）をのべたりする旧俗は、ことごとく皆やめよ」

としている。同様に聖書は、親族が死んだとき、

「（自分の）頭髪の一部をそり上げたり、ひげの両端をそり落としたり、身を傷つけたりしてはならない」（レビ記二一章五節　おもに祭司たちに関して）

と述べている。

うそ

大化の改新の詔は、

「見ていながら見ないと言ったり、見ないのに見たと言ったり、聞いていながら聞かなかったと言ったり、聞いていないのに聞いたなどと言う者がある。正しく語り正しく見ることなくして、巧みに偽る者も多い」

と述べ、うそ偽りを禁じている。同様に聖書は、

「あなたたちは盗んではならない。うそをついてはならない。互いに欺《あざむ》いてはならない」（レビ記一九章一一節）

と述べている。

証人

大化の改新の詔は、

「みだりに自分の妻が他人と通じたと疑って、官に訴えて裁きを乞う者がある。たとえ明らかな三人の証人があっても、皆で事実を明らかに申し立てて、その後に官にはかるべきである。みだりに訴えをすべきでない」

と述べている。古代イスラエルでは、姦通の罪は死刑と決まっていた。だから、

「死刑に処せられるには、二人ないし三人の証言を必要とする。一人の証人の証言で死刑に処せられてはならない」（申命記《しんめいき》一七章六節）

と聖書は述べている。

家畜の死

大化の改新の詔はまた、たとえばある人が馬の世話を農民に頼んだような場合について述べる。農民は世話をするが、慣れないので、馬が痩《や》せてしまったり、死んでしまったり、盗まれてしまったりする。こういうとき、もめごとにならないために、世話を頼むのも村長の前でそれをし、そこで報酬を払い、たとえ馬を損なった場合でも村長の前で解決をみるようにすべきであるという。

同様の場合を想定したことが、聖書にもある。

「人が隣人にろば、牛、羊、その他の家畜を預けたならば、それが死ぬか、傷つくか、奪

われるかして、しかもそれを見た者がいない場合、自分は決して隣人の持ち物に手をかけなかった、と両者の間で主に誓いがなされねばならない。そして、所有者はこれを受け入れ、預かった人は償う必要はない。ただし、彼のところから確かに盗まれた場合は、所有者に償わねばならない」（出エジプト記二二章九～一一節）

宴会

大化の改新の詔はまた、

「農耕の月には田作りに専念させ、美物《いお》（魚）や酒を食することを禁ずる」

と述べる。一方、こうした条項は聖書にはないが、古代イスラエルの伝統によれば、たとえば収穫を開始してから七週間は、いかなる宴会も慎まなければならなかった。

「あなたは七週を数えねばならない。穀物に鎌を入れる時から始めて七週を数える」（申命記一六章九節）

地域の監督

大化の改新の詔はまた、

「京師《みやこ》（都城）を創設し……坊《まち》（区画）ごとに長《おさ》一人を置き、四つの坊に令《うながし》一人を置き、戸口《へひと》を管理し、正しくないことをする者を監督せよ」

と述べる。この詔が述べられた年（六四六年）には、まだこのような「坊」（区画）に分けられるような都はなかった。それができるのは「藤原京」（六九四〜七一〇年　現在の奈良県橿原《かしはら》市と明日香《あすか》村）に至ってである。しかし聖書の一節には次のようにある。

「あなたの神、主が部族ごとに与えられるすべての町に、裁判人と役人を置き、正しい裁きをもって民を裁かせなさい」（申命記一六章一八節）

償い

大化の改新の詔にはまた、

「役民が旅の途中、家のほとりで飯《めし》を炊《かし》ぐと、路傍《ろぼう》の家の者が『なぜ勝手に人の家の近くで飯を炊《た》いた』といって償《つぐな》いを要求する。またある人が甑《こしき》（飯を蒸して炊く器具）を借りて飯を炊いた。その甑が物に触れてひっくりかえったというだけで、持ち主が祓《はら》えを強要する。このようなことは愚かしい習わしである」

と述べられている。償いを求められるのは、正当な場合だけである。聖書にはこう書かれている。

「人が隣人から……借りて、それが傷つくか、死んだならば……必ず償わねばならない」

（出エジプト記二二章一三節）

二倍の償い

大化の改新の詔にはまた、

「不当に自分の身に取り入れたものは、倍にして徴収せよ」

と述べられている。同様に、聖書にも次のように述べられている。

「牛、ろば、羊、あるいは衣服、その他すべての紛失物について言い争いが生じ、一方が、『それは自分の物です』と言うとき、両者の言い分は神の御もとに出され、神が有罪とした者が、隣人に二倍の償いをせねばならない」（出エジプト記二二章八節）

大化の改新は古代イスラエルの神道を日本で復活させる試み

以上、大化の改新における新法と、古代イスラエル人の律法との比較をかかげた。これら比較で述べた大化の法の数々は、大化時代の改新における根幹的な部分である。それらがみな、聖書の律法を基盤とし、聖書に則っていると思われるのである。

これが偶然でないとすれば、これら新法をつくった神道指導者たちは、じつはヘブル文字で書かれた聖書《トーラー》を持っていたのではないか、とも想像される。大化の改新とは、じつは「古代イスラエルの神道」を日本で復権させる動きではなかったのか。

大化（Taika）の改新の発案者たちは、多くの希望をもってそれに取り組んだであろう。じつはヘブル語で「ティクワ」（Tikva）は、希望を意味する。日本の仏教を廃する希望も持っていたことだろう。

しかしそれは時すでに遅すぎた。大化の改新の時代に天皇の座にあった孝徳天皇は、神道を「軽んじる」人物だった。またすでに民の多くは、仏教に傾いていた。それは動かしがたかったのである。その結果、仏教は以後も栄えていく。

日本は、中国文化の受容に没頭していくのである。仏教文化および中国文化の受容は、奈良時代においてピークを迎える。奈良の都は、中国の都市造りをモデルに造られたもので、七一〇～七八四年にかけて日本の首都であった。

大仏の鋳造の大イベントをピークに仏教徒が実質上の支配者となる

奈良時代には、二つの重要な出来事があった。一つは、ヤマトの歴史を記した『古事記』と『日本書紀』の編纂《へんさん》である。もう一つは、高さ一五メートルにも及ぶ大仏の鋳造《ちゅうぞう》であった。

奈良の大仏を造ったのは、聖武天皇《しょうむ》（第四五代）であった。七三五年、彼の治世において天然痘《てんねんとう》が再び流行し、日本の人口の大部分をおびやかすほどになった。天皇は、その災厄が広まった原因は、ふさわしい宗教的シンボルが日本にないからだと考えた。

それで聖武天皇は、奈良の都に巨大な仏像を造ることを決心する。しかし彼は、神道派の人々による反対を恐れ、まず仏僧・行基《ぎょうき》を、伊勢神宮に遣わす。大仏鋳造計画に対する神道派の反応を、探るためであった。帰ってきた行基は、伊勢神宮で神官らに神託《しんたく》があったことを告げる。アマテラスはこの計画を喜んでいると。

こうして、青銅製の巨大な仏像の鋳造が始まった。多くの労苦と、やり直しを繰り返したすえ、やがて何年かの後に大仏が完成した。完成した当時、それは全身を金《きん》でおおわれ、燦然《さんぜん》と光り輝いていた。

大仏は、盛大な法要を通して、人々の前にその姿を現わした。日本の高官すべて、また外国からのゲスト、さらに一万人にも及ぶ仏教僧侶たちも、その国家的祝典に参列した。その場で世界平和を祈った天皇は、自分は仏の忠実なしもべであると宣言した。こうして仏教は、日本の国教的な地位にまで飛翔《ひしょう》したのである。

またこれにより奈良は、仏教の僧侶たちであふれた。この都の実際上の支配者は彼らであった。仏教徒らは自分たちの軍隊（僧兵）を持ち、免税の大きな土地を要求し、政治に干渉し、朝廷の秩序を混乱させた。

しだいにその干渉は大きくなり、それを嫌悪した桓武《かんむ》天皇（第五〇代）は、ついに都を別の地に移すことを決意する。

中国文化の流入と固有文化＝イスラエルの伝統への目覚め

桓武天皇は、奈良の平城京を捨て、そののち短いあいだ長岡京を営んだ。さらにそののち七九四年、彼は都を京都に移し、そこに平安京を造る。

京都の平安京も、奈良と同じく、やはり中国の都市造りを模範にして造られたものであった。道路は碁盤の目のように広がり、天皇の居城は都の北部にあり、南辺には羅城門《らじょうもん》と呼ばれる立派な門がある。周囲は木々のはえる丘に囲まれている。この新首都はまさに平安京——平安の都と呼ばれる形容が、ふさわしいものだった。

社会的また文化的見地からすると、新首都での生活は、実際には奈良時代からの延長であった。ただ一つ違いがあるとすれば、それは武装した仏教の僧侶たち——僧兵たちの脅威から解放されたことであった。

貴族たちはより多くの時間を、短歌を作り、また礼儀作法をみがき、中国文学を学ぶために費やせるようになったのである。実際、当時の貴族社会では、良い短歌を作れるか、また立ち居振る舞い、中国文化の教養などによって人の品位が測られた。

日本は九世紀中葉に至るまで、中国文化にほとんど耽溺《たんでき》していた。しかし次第に、中国文化から独立し、自分たちの固有の文化を見直して発展させようとする動きも、始まっていった。

カタカナとひらがなの起源は明らかにヘブル語にある

その結果、九世紀末までに、二つの新しい日本固有の文字が作られた。「カタカナ」と「ひらがな」である。それは日本語を書く上で、中国の表意文字である漢字よりも便利だった。また、漢字よりはるかに単純なので、短い時間に習得できた。

そのため、一般の人々だけでなく高学歴の人々の関心をも引き起こし、人々は散文や短歌を好んで書くようになった。読み書きが多くの人の文化となったのである。しかしじつのところ、カタカナとひらがなを発明したのが一体誰なのか、誰も明確なことを知らない。

また、なぜ古代日本人がこれら新しい文字を発明する必要があったのか、についても。

一般的には、これら和製文字は、「漢字をくずして極度に単純化したもの」と理解されている。だが、その理解では説明しきれないことが多いのだ。というのは、カタカナもひらがなも、その多くのものがあまりにヘブル文字に酷似しているからである。だから、単に漢字から来ているというのは、受け入れられない話である。

また古代日本人が、漢字を輸入するよりずっと以前に、すでにヘブル文字を知っていたことを示す、あるいは暗示する幾つかの事柄が存在する。しかし、それらの事柄について述べる前に、ヘブル文字の変遷《へんせん》の歴史を知っておくことは有益だろう。

ヘブル文字の変遷の歴史

古代ヘブル文字は、「北西セム文字」に属する。それはフェニキア文字、アラム文字と共に、最も原始的なアルファベット体系である。それは紀元前一〇〇〇年頃から紀元前六世紀中葉に至るまで、ヘブル人によって使用され、その後、しだいに形が若干変化していった。85ページの表は、このヘブル文字の変遷を示したものである。

紀元前一世紀頃には、ヘブル文字は今日のような角ばった形になった。この角ばったヘブル文字は、今日トーラー（モーセ五書）を羊皮紙《ようひし》に手で書く際に、楷書体《かいしょたい》として使われる。ほかにもヘブル文字には、普段の手書き用の草書体がある。

ヘブル語は右から左へ書き記され、そのアルファベットは二二字からなる。すべて子音文字である。母音は、「母音記号」を付加することによって示される。この母音記号がどういうものか、詳しい説明は省くこととして、ここではたとえばローマ字の「R」の文字を使って簡単に説明してみよう。

過去にヘブル人が使った母音記号システムの中でも、いわゆるバビロニア・システムと、ティベリア・システムは非常に重要である。バビロニア・システムは、たとえばRの上に横線をひいて「-R」とすると、それは「ラ」(Ra)と読まれた。横線はaを表す母音記号なのである。またRの上に縦線をひいて「-R」と書くと、「ル」(Ru)になった。

同様にティベリア・システムでは、Rの左上部に点を打って「.R」と書くと、「ロ」(Ro)と読まれた。一方、たとえばF(フ)のような無声音の文字内に点を打って「F.」と書くと、それは有声音の「P」(プ)と読まれた。

これらヘブル語で使われる母音記号システムを理解すると、カタカナ、またひらがなの起源に対して、新たな光が当てられる。87ページの表は、ヘブル文字と、カタカナ/ひらがなを比較したものである。単純さのために三つにグループ分けしてある(グループA、B、C)。

〔ヘブル文字の変遷〕

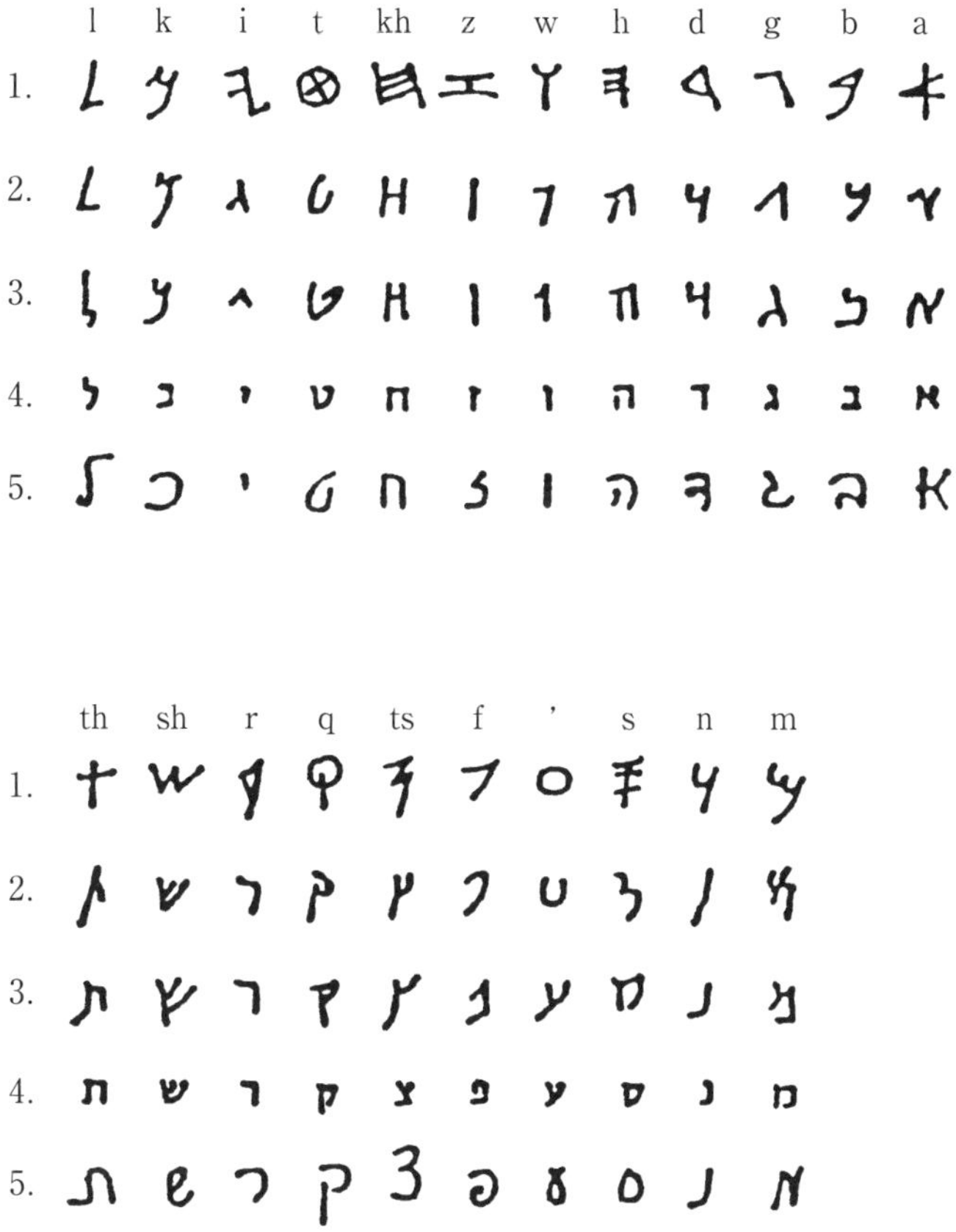

1. ヘブル・フェニキア：前8世紀
2. ヘブル・アラム：前6～4世紀
3. 死海文書：前1世紀頃
4. 現代活字体
5. 現代筆記体

ヘブル文字とカタカナ／ひらがなの類似

グループA

一見してわかるように、これらヘブル文字と日本の文字（カタカナ、ひらがな）との間には、明らかな類似性がある。ほとんど同じ文字と言ってもよい。違いといえば、ヘブル文字が子音文字であるのに対し、日本のは音節文字（子音＋母音）である、ということくらいだろう。

グループB

このグループに属する文字は、ヘブル語の母音記号システムが、いかにして日本の文字に取り入れられたかを示している。すなわち、ヘブル語の子音文字に母音記号が組み合わされて、日本のカタカナ、ひらがなの音節文字が作られているのである。

たとえばRを表すヘブル文字に、ａの母音記号（横線）を書くと、それはカタカナの「ラ」（Ｒａ）になる。またヘブル語で「あ行」（あいうえお）を表す際に使われる文字（アレフ）の筆記体に、ａの母音記号（横線）を書くと、ひらがなの「あ」になるのである。

〔ヘブル文字と「カタカナ」「ひらがな」の類似〕

〈グループA〉

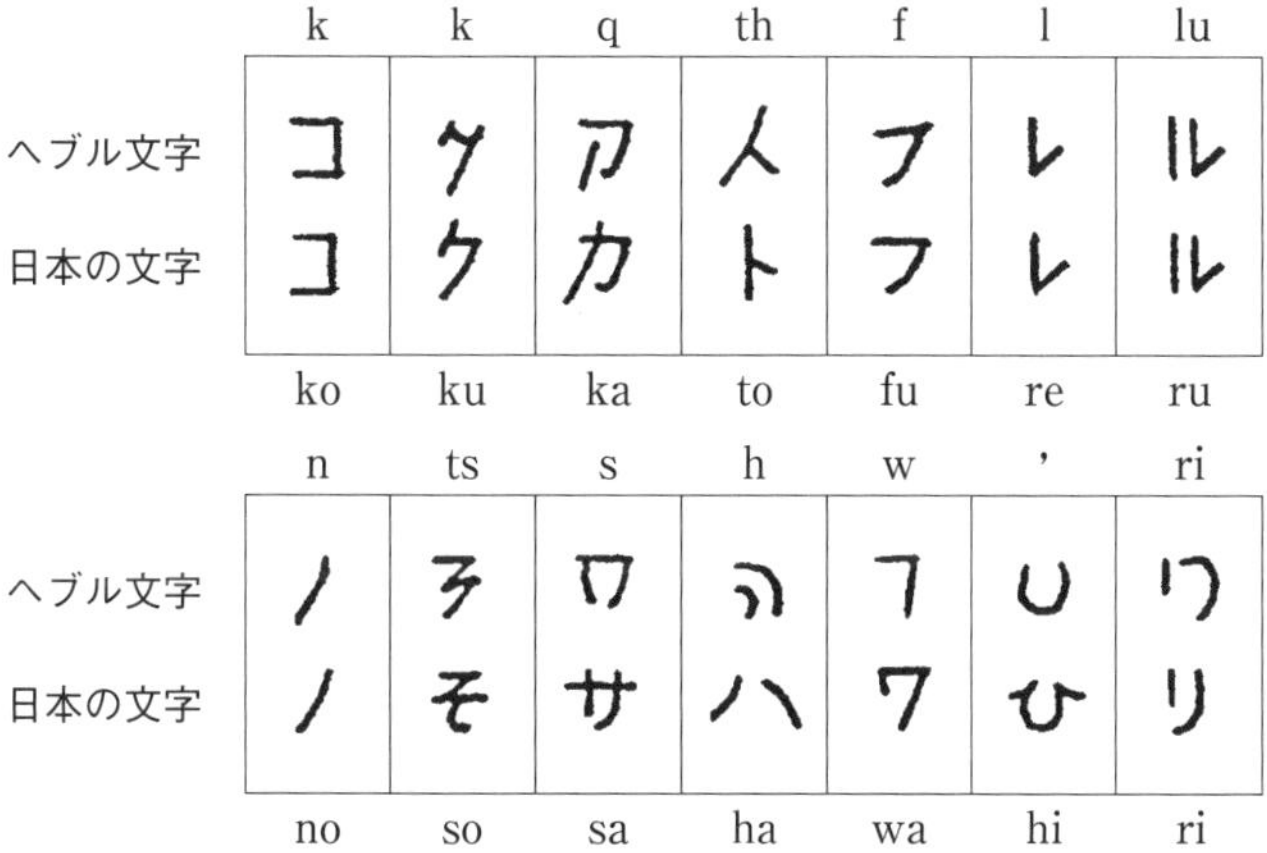

〈グループB〉

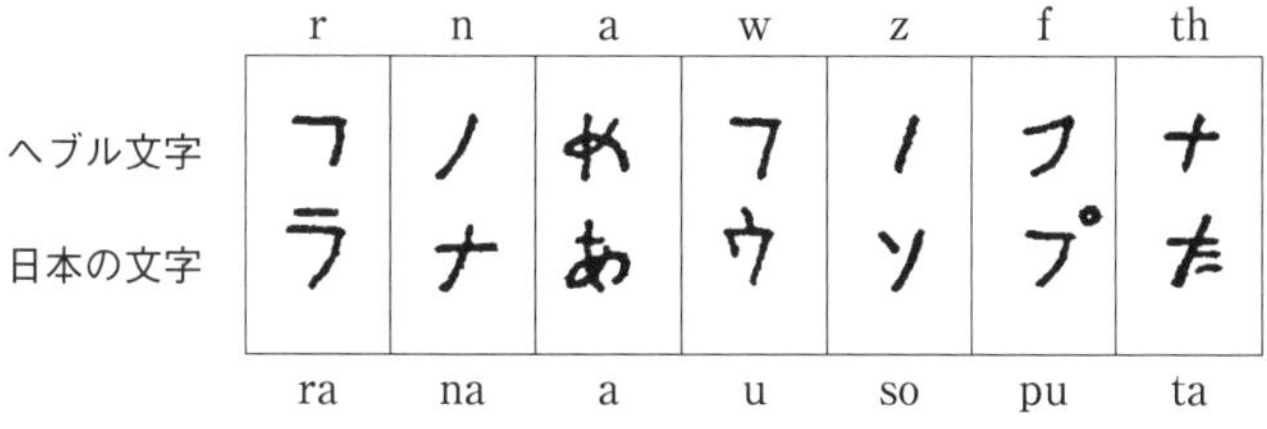

〈グループC〉

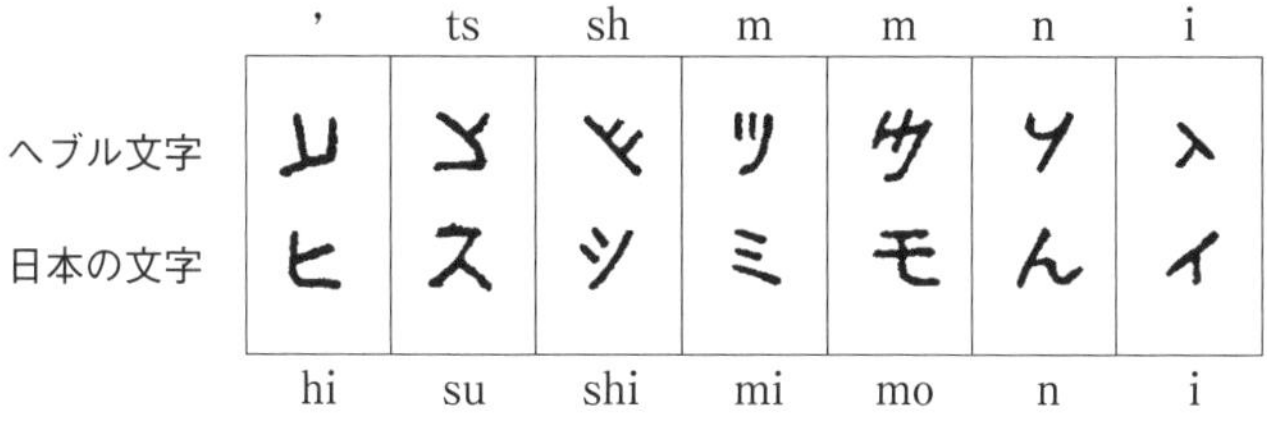

同様に、Wを表すヘブル文字に、uの母音記号（縦線）を書くと、カタカナの「ウ」になる。これらは、古代イスラエル人がバビロニアの母音記号システムを使用したときのものと、まったく同じである。

グループC

これらの日本の文字は、何らかの理由で、対応するヘブル文字とは少し違った角度になっている。あるものは斜めになっており、あるものは鏡像になっている。

これら三つのグループにおいて示されたヘブル文字と日本の文字の類似性は、到底偶然ではない、と言うに充分なはずである。しかしさらに私は、日本人が自分たちの歴史の初期から、ヘブル文字を知っていたことの証拠をもう少しあげたいと思う。

「カタカナ」「ひらがな」もヘブル語

「カタカナ」と「ひらがな」の謎の一つは、その名前自体にもある。一般にカタカナは、漢字の「へん」（漢字の左部分）や「つくり」（漢字の右部分）の「片方」から来ているから

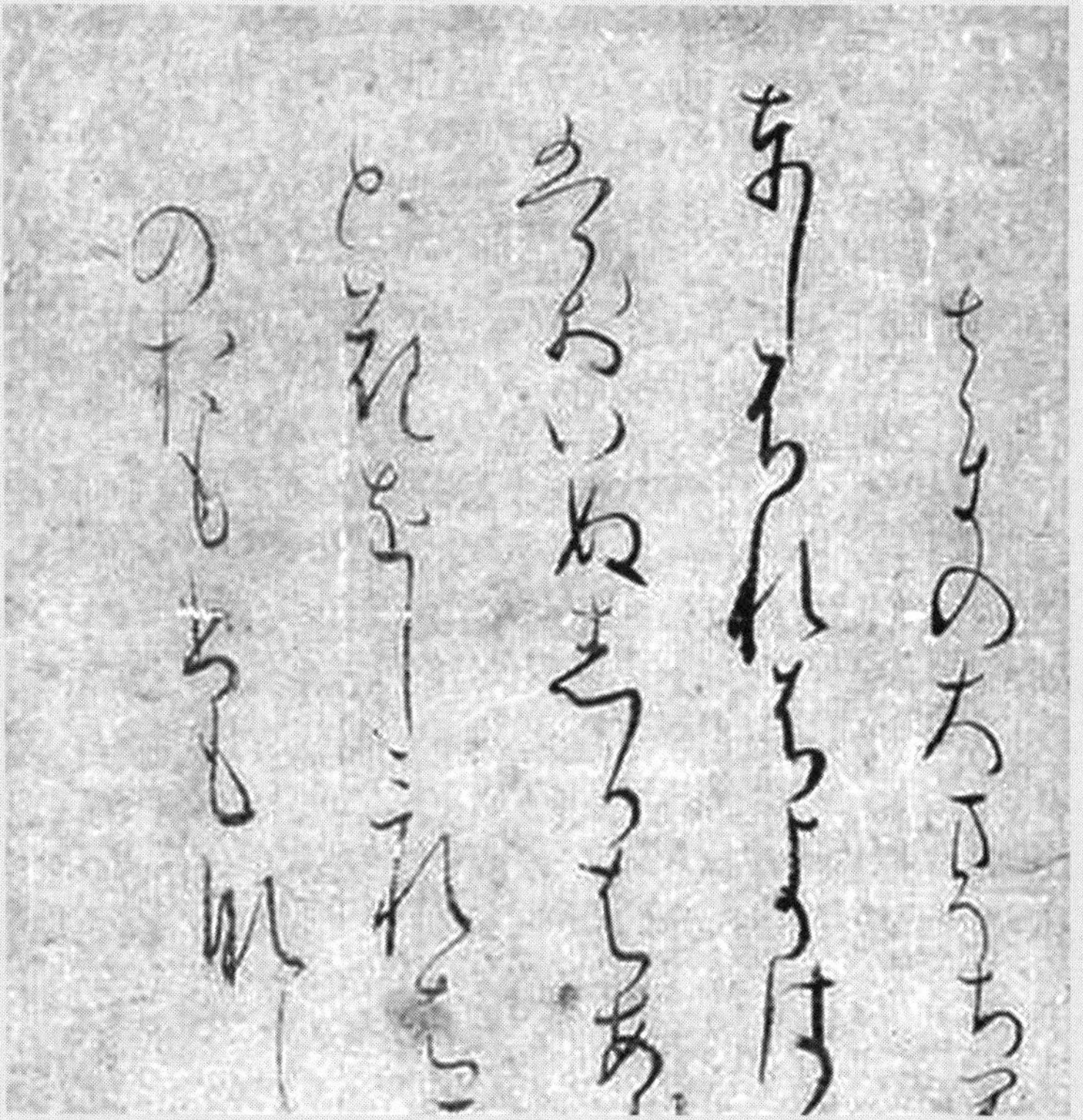

カタカナは「カナンの文字」を意味するヘブル語「クタ・カナン」から、ひらがなは「エーラ・クタ・カナン」つまり「からみ合ったカタカナ」から名付けられ、作られた文字である。（寸松庵色紙11世紀）

「カタカナ」(片かな)というのだと、理解されている。また、ひらがなは、単に平明・単純なかなの意味なのだと。

しかしこれらの説明は両方とも、「かな」に対する適切な説明とは言い難い。なぜなら、カタカナは必ずしも、漢字の左右の部分の片方から来ているわけではない。また、ひらがなは必ずしも単純ではない。

むしろ「カタカナ」は、「カナンの文字」を意味するヘブル語「クタ・カナン」(ktav kanaan)が若干なまったものではないか(カナンとは、イスラエルの地を意味する)。

一方、「ひらがな」(実際には「ひら・かな」)はどうだろう。ヘブル・アラム語には、「からみ合った」を意味する「エーラ」(eira)という言葉がある。「エーラ・クタ・カナン」(からみ合ったカタカナ)が、後に「エーラ・カナ」と短くなり、それが「ヒラ・カナ」になったのではないだろうか。

実際、古い時代に書かれた「ひらがな」の文章をみると、それは「単純な」かなではなく、むしろきわめて「からみ合った」ものであることがわかる(写真参照)。それは、つなげて書かれるのだ。漢字やカタカナでは、そういうことはない。ひらがなの特徴がそこにある。

古代日本人はヘブル文字を知っていた

また、日本人がまだ文字が読めなかったはずの時代に、じつはすでに文字を持っていたことを示す間接的な証拠が、日本書紀の中にある。武烈《ぶれつ》天皇（在位四九八〜五〇六年）に関し、

「長じて裁きごとや処罰を好まれ、法令にも詳しかった」

とある。「法令」とは書かれたものである。

さらに、古代日本人がヘブル文字を知っていた可能性を示すもう一つの手がかりは、数字の一七である。日本の伝統には、数字の一七が特徴的に現われる。

ここで、もう少しヘブル文字の説明をしなければならない。古い時代にヘブル文字は、数字としても使われた。各アルファベットは数値に対応しているのである。またヘブル文字は、神聖な起源を持つと信じられたから、アルファベットを組み合わせた単語とその合計数値も、神聖な預言的意味を持つと考えられた。

たとえば数字の一八は、長寿を示すとされた。なぜなら、「生きている」を意味するヘブル単語「ハイ」（hi）の数値は一八だからである（h＝八、i＝一〇）。

同様に一七は、「良い兆し」を示す数とされた。というのは「良い」を意味するヘブル語「トーブ」（tov）の数値は、一七だからである（t＝九、o＝六、v＝二）。日本人も伝統的に一七を、良い兆しの数として使用してきた。たとえば自然や、思想、心情などを詩的に言い表す俳句は、一七字から成っている。聖徳太子の憲法は一七条から成っていた。

なぜ一七が重んじられたのか。それは今や古代の謎と化しているが、偶然ではないに違いない。日本人は、一七が良い兆しの数であることを知っていたのだ。それは日本人がかつてヘブル文字を使っていたから、とも考えられるのである。

聖なる文字に対する態度

もし、古代日本人がヘブル文字を知っていたという私の仮定が正しいとすれば、読者の中には、なぜ彼らは漢字を中国から輸入して使うようになったのか、との疑問を持つかたもいることだろう。

しかし、先に述べたように、古代イスラエル人はヘブル文字を神聖なものと信じていた。それで日本では、ただ神道の神官たちだけが、ヘブル文字を秘密の書き物に用いていたということが、充分考えられる。

聖書によれば、古代イスラエルの律法の要である「十戒」は、二枚の石の板に書かれていたが、「その板は神御自身が作られ、筆跡も神御自身のものであり、板に彫り刻まれていた」（出エジプト記三二章一六節）。

それで古代イスラエル人らは、この石の板を聖なるものとし、幕屋《まくや》、またその後は神殿内で、最も神聖な場所に安置していた。その神聖な場所――「至聖所《しせいじょ》」には、大祭司《だいさいし》が年に一度入ることを許されるだけであった。

また西暦一世紀に生きたユダヤ人歴史家、ヨセフス・フラビウスによると、石の板に記された十戒は、あまりに聖なるものとみなされたため、祭司たちがそれを引用することすら許されなかったという。

聖なる文字に対するこうした古代イスラエル人の姿勢は、日本でも同様に見られる。ヘブル語が記されていると噂《うわさ》されているあの神聖不可侵の鏡（八咫鏡《やたのかがみ》）に対する日本人の姿勢も、そうである。そしてこのことは、日本における文字使用の変遷の歴史を理解する上でも、考慮する必要がある。

すなわち、日本人が文字を持たないと言われていた時代ですら、神道の祭司たちはヘブル文字を持ち、それを聖なる宝として保存し、守っていたのではないか。

しかしその後、仏教徒たちが中国から漢字を輸入した。漢字を通して仏教を日本に定着させていった。それをみた神道の祭司たちは、ヘブル文字をもとに、カタカナ・ひらがなを作って社会に与えていったものと思われるのである。

先祖の伝統への回帰

いずれにしても、その証明は不可能と言ったほうがよいであろう。しかし、じつは同様なことが、聖書の記録の中に記されているのだ。それを読むと、このこともまた事実起こったのではないか、と思えてくる。

それは、古代イスラエルのヨシヤ王の治世においてであった。エルサレム神殿において、突然、古い律法の巻き物が発見された。それは神殿の中に、なんと三五〇年ものあいだ眠っていたものだった！　しかも王も大祭司も、その存在すら知らなかったのである。

その律法の書を読んだとき、王は初めて「過越《すぎこし》の祭」について知ったという。それはイスラエルにおいて、それまで五〇〇年ものあいだ祝われていなかった。エルサレム神殿におけるこの律法の巻き物の発見は、当時のイスラエルに大きな宗教改革をもたらした（列王記下二三章八節）。

それと同様のことが、日本でも、奈良時代あるいは平安時代に起こったのではないだろ

ヨシヤ王の治世に、神殿の奥に眠っていたトーラー（律法の書）が突然、350年ぶりに発見された。そこには500年もの間祝われていなかった「過越の祭」のことが書かれており、当時のイスラエルに宗教改革がもたらされた。

うか。つまり、何らかの古代文書――おそらくヘブル語聖書の写本などが発見されたのであろう。それは民族の誇りを刺激し、自分たちの先祖の伝統への回帰をもたらした。

その結果、古事記と日本書紀も編纂されたのである。それは日本の天皇の神聖な起源を強調する意図を持ったものであった。そして、ヘブル文字をもとにしたカタカナ・ひらがなが、漢字と競い合うために紹介された。

もしそれが事実、古代の神道祭司たちの意図であったならば、彼らの努力は部分的には成功したと言ってよいであろう。部分的にというのは、カタカナとひらがなは今日も使われているからである。それらは、漢字にとって代わられることはなかった。

また成功していない部分としては、古事記も日本書紀も、日本民族の起源について充分な歴史的証拠を後の世代に提示しなかったことが、あげられる。

しかし、もし日本人の起源が古代イスラエル人にあったならば、彼らはいかにして日本列島に来て、そこに定住するようになったのだろうか。

第四章　ヤマト民族＝放浪ユダヤ民族の歴史の足跡を聖書にたどる！

サマリアの地にいた十部族とヤマト民族のスメラ王国（日本）

　多くの学者は、ヤマト民族は実際には、だいたい西暦一～三世紀頃に日本列島にやって来たと考えている。これはちょうどイスラエルの十部族が「失われた」頃——行方不明になった頃と、ほぼ時期を同じくする。

　しかし、もしヤマト民族がイスラエルの十部族から直接出た人々だとすれば、そこから自然に生まれる質問は、次のことであろう。すなわち、紀元前七二一年にイスラエルでサマリア（Samaria）王国が没落したときから、西暦一～三世紀にヤマトの地にスメラ（Sumera）王国が興るまでの約八〇〇～九〇〇年くらいの間に、彼らは一体どこにいたのか？　という疑問である。

　イスラエルの十部族が日本列島に移住する以前に、どこにいたかに関して直接的な証拠はない。しかし彼らの足跡は、間接的な証拠によって浮かびあがってくる。ただし、それについて述べる前に、少しばかり古代イスラエル人の歴史を振り返っておきたいと思う。

　イスラエル人の国家として歴史は、紀元前一二五〇年に始まる［＊紀元前一四五〇年頃という説もある］。そのとき指導者モーセに率いられたイスラエルの民は、エジプトでの奴

今もサマリアの地にはサマリア人（イスラエル十部族の末裔）が住んでいる。彼らは毎年ゲリジム山で、昔ながらに過越の祭を祝っている。天皇を意味するスメラミコトは、このサマリアの王国が語源か。

隷状態から解放され、エジプトを脱出し（出《しゅつ》エジプト）、カナンの地に帰還する旅に出た。

カナンは、かつて神が父祖たちに、「あなたの子孫にこの地を与える」と約束された地であった。そこへ向かう四〇年におよぶ旅ののち、イスラエルの民はカナンの地に入った。その地はイスラエルの一二部族に分割され、一二部族はそこに住んで、ゆるやかな連合体を形成した。

その連合体の首都は、当時「シロ」の地にあった。エルサレムから北へ三〇キロメートルほどの所である。そのシロで、一二部族は毎年、祭を行なった。また議会を開き、戦争の際に彼らを導く「士師《しし》」（リーダー）もそこで選出した。

古代イスラエル王国のサウル王とダビデ王

士師たちに導かれた約二五〇年の後、イスラエル人らは王を立てて、王国を造ることを決意する。そのほうが、隣国の軍事的脅威によく対応できると考えたからである。それでイスラエルの全長老が集まり、共に、ラマにいる預言者サムエルのもとに来て言った。

「今こそ、ほかのすべての国々のように、我々のために裁きを行う王を立ててください」

（サムエル記上八章五節）

そこで預言者サムエルは、サウルをイスラエル初代の王に任命した。

サウルの治世の大部分は、戦争に明け暮れる日々であった。彼はモアブ人と戦い、アンモン人、エドム人、ツォバ人、ペリシテ人などと戦った。それで彼には、イスラエルの国家機構を整えるような時間はなかった。

当時、イスラエルの部族長たちの指導力は、まだ部族の枠内にとどまっていたが、サウルは軍隊を率いて、勇敢にイスラエルの敵を打ち破った。しかし紀元前一一世紀末に、サウル王はペリシテ人との戦いに敗れ、自ら重傷を負ってしまう。彼は敵に捕らえられる屈辱を嫌い、自らの剣で自害して果てる。

こうしてイスラエル初代の王は死んだ。そしてサウル王の死後、イスラエルのヒーローであったダビデが、二代目の王となる。ダビデははじめ、ヘブロン町の王を務めていたが、そののち紀元前一〇一〇年頃、イスラエルの全長老たちの賛同のもと、全イスラエルの王に任命された。

ダビデ王の活躍と息子ソロモン

ダビデ王は、優れた指導力を発揮し、イスラエルを導いていった。その最初の仕事は、一二部族を一つの旗のもとに統一することだった。彼はまたエルサレムを、エブス人の手から取り戻し、そこを全イスラエルの政治的・宗教的な首都とした。

さらにダビデ王は、イスラエルの安全を脅かす周囲の国々と戦っていく。彼はペリシテ人を討ち、モアブ人を従え、エドム人を征服し、シリアの地に警備隊をおいた。かつて弱小だったイスラエル国は、こうして次第に巨大な王国に成長していった。東はユーフラテス川、南はエジプトとの境に至るほどの、大きな国になっていったのである。

ダビデは、イスラエルの一二部族の一つ、ユダ族の出身だった。彼はイスラエル国家の確立者であり、その後、彼に始まったユダ族王朝は、約四〇〇年にわたって続いていった（バビロン捕囚のときまで）。

ダビデ自身は四〇年間、王の地位にあった。ヘブロンで七年、その後エルサレムで三三年間である。彼は死が近づいた日に、息子ソロモンを立てて、全イスラエルの王に任命した。ソロモン王は、父ダビデから受け継いだこの強く豊かな国を治めた（紀元前九七〇～九三一年）。

「ソロモンは、ユーフラテス川からペリシテ人の地方、更にエジプトとの国境に至るまで、すべての国を支配した」（列王記《れつおうき》上五章一節）

ソロモン王の後に王国は北王国イスラエルと南王国ユダに分裂

しかし、父ダビデが人生の大部分をイスラエルの敵との戦いに明け暮れなければならなかったのとは違い、ソロモン王は、政治や、国際貿易、宗教、また詩を作ることなどに専念することができた。

ソロモン王は隣国との友好関係を築き、遠い国々との貿易のために船団を組織した。またエルサレムに壮大な神殿を築き、四〇〇〇を超える詩や箴言《しんげん》を書いた。エルサレムは重要な国際都市となり、

「あらゆる国の民が、ソロモンの知恵をうわさに聞いた全世界の王侯のもとから送られて来て、その知恵に耳を傾けた」（列王記下五章一四節）

しかし古代イスラエル王国の栄光は、永くは続かなかった。ソロモンの死後、彼の息子レハブアムが王となった。だが、そのときイスラエル一二部族のうち十部族が、反旗をひるがえした。彼ら十部族は自分たちの国を別につくったのである。

そして紀元前九三一年、ユダヤ暦の八月一五日に、十部族は独立を宣言。こうして統一王国だったイスラエルは、北王国イスラエル（十部族、首都はシケム）、および南王国ユダ

（それ以外の部族、首都はエルサレム）に分断された。

そののち北王国イスラエルは、首都がシケムからサマリアに移される。サマリアは約二〇〇年間存在したが、紀元前七二一年に、

「アッシリアの王は……サマリアを占領した。彼はイスラエル人を捕らえてアッシリアに連れて行き、ヘラ、ハボル、ゴザン川、メディアの町々に住ませた」（列王記下一七章五〜六節）

北王国イスラエルの十部族はこうして失われた

こうしてイスラエルの十部族の運命は、封印されたのである。故国から遠い国に連れられてきたこの捕囚の民は、そののち東方のどこかへ姿を消していった。彼らがいわゆる「イスラエルの失われた十部族」である。

この十部族の捕囚をなしたアッシリア王サルゴン二世（在位　紀元前七二一〜七〇五年）は、古代記録に次のように記している。

「私、サルゴンは、偉大で強大なる王。諸国を土の器のように打ち砕き、エジプトの谷から、広い西方の地、ヒッタイト人の地、また太陽の昇る遠いメディアの地に至るまでを征

イスラエル十部族のアッシリア捕囚を描いた古代のレリーフ。

服した。……私は治世の初めに、サマリアの都を包囲、征服し、そこから二万七二九〇人の住民を捕らえ移した。また私の手が捕らえた諸国の民を、代わりにサマリアに住まわせた」（『サルゴンの年代記』より）

サルゴン二世自身は、その年代記に、サマリアの人々をどこへ移したのかについて記していない。また、それを彼が（南王国）ユダの人々に語ったということも、ありそうにない。では、サマリアの人々が「ヘラ、ハボル、ゴザン川、メディアの町々に」捕らえ移されたことを、なぜ聖書の記者は記すことができたのだろうか。聖書の記者は、どうやってそれを知ったのか。

西暦一世紀、十部族はまだ「ユーフラテス川の向こう」の地にいた！

イスラエルの十部族が「失われた」ことについて、よく次のように言われる。

「捕囚となって遠い地に移された後、北王国イスラエル（サマリア）の人々とその王は、外国の民と同化して消え去り、二度と歴史の舞台に登場しなくなった」

しかし、これは単なる憶測である。実際、イスラエルの十部族が他民族と同化して消滅した証拠はなく、またいつ彼らが「失われた」かについても、何の具体的証拠もない。

むしろ聖書、および他の古代記録をよく調べると、十部族は少なくとも捕囚時から八〇〇年間は、民族のアイデンティティ（同一性）を保持しながら、存在し続けていたことがわかる。彼らは当時、決して「失われて」はいなかったのである。聖書の歴代誌《れきだいし》に、

「イスラエルの神は、アッシリアの王プル、すなわちティグラト・ピレセルの心を動かされたので、彼は（イスラエルの）ルベンの部族、ガドの部族、マナセの半部族を捕囚として連れ去り、ヘラ、ハボル、ハラ、ゴザン川に彼らを引いて行った。彼らは今日もなおそこにいる」（上五章二六節）

と記されている。歴代誌は、紀元前四〇〇年頃記されたと信じられている。つまり当時も、イスラエルの捕囚民はまだそこにいたのである。サマリアの陥落と捕囚後、約三二〇年たってもなお、彼らは部族としてのあり方を失っていなかったのである。

しかし、これはイスラエルの捕囚民の存在に関して記した最後の記録ではない。西暦一世紀、すなわち捕囚から約八〇〇年後に、ユダヤ人歴史家ヨセフス・フラビウスは、その著『ユダヤ古代史』にこう書き記している。

「十部族は、ユーフラテス川の向こうの地に今もおり、巨大な群衆となり、その人口は測り知れない」（第一一巻五章二節）

ヨセフスは、「ユーフラテス川の向こうの」どの地に十部族がいるのか、具体的には記

していない。しかし、西暦一世紀末に書かれた「エズラ第二書」〔＊聖書外典。エスドラ書ともいう。ラテン語聖書ではエズラ第四書という〕と呼ばれる別の書には、十部族の行方に関し、もう少し踏み込んだ記述がある。

エズラ第二書の記述

エズラ第二書は、おもに黙示、幻を記した書物であるが、歴史的に重要な記述も含んでいる。たとえば次のような記述がある。神がエズラに見せてくださったという幻の内容について、こう説明されている。

「それからあなたは、平和な一団を集める者を見た。彼らは（イスラエルの）ホセア王の時代に捕囚とされた十部族である。

かつてアッシリアのシャルマナサル王（サルゴン二世の前王で、サマリアを三年間包囲した）は、ホセアを捕虜とし、また十部族を川（ユーフラテス）の向こうの異国に捕らえ移した。しかしそれから十部族は、異教徒の住むその地から離れ、誰も住んだことのない遠い地へ行くことを決心した。かつて自国では守れなかった律法を、その地で守ろうとしたのである。

彼らがユーフラテス川のほとりの細道に来たとき、至高者は奇跡を行なわれた。彼らが川を渡り終わるまで、川の源を止めたのだ。アルザレトと呼ばれる地域を通ったその旅は、一年半の長きに及んだ。以来、彼らはそこに住み、終わりの日まで住むであろう。しかし彼らが帰ろうとするとき、ユーフラテス川を渡れるように、至高者は再び川の源を止めるだろう」（一三章三九〜四七節）

この記述には、十部族が行った方向、またその距離（一年半かかった）、さらに目的地（誰も住んだことのない遠い地）などが述べられている。

まず、十部族が行った方向について見てみよう。エズラ第二書の著者によれば、十部族は旅の途中で「アルザレトと呼ばれる地域を通った」。多くの学者は、この「アルザレト」（Arzareth）とはヘブル語の「エレツ・ァヘレト」（arets aheret）であり、単純に「もう一つの土地」を意味すると考える。

アルザレトとはアフガニスタンのハザラジャト

しかし、この推測は何も示さない。十部族がもう一つの土地、別の地へ移されたことは、すでに知られていることだ。私はむしろ、「アルザレト」はアフガニスタン中央部の山岳地帯の名「ハザラジャト」（Hazarajat）のことだと考える（左ページの地図）。
そこは、聖書が十部族の捕囚地として記している「ハボル」や「ゴザン川」から、そう遠くない。「ゴザン川」（Gozan）とは、アフガニスタンの首都カブールの南西約一二〇キロに位置する「ガズニ」（Ghazni）の町を流れるガズニ川のことと思われる。また「ハボル」（Khabor と発音される）は、カブールの東二〇〇キロの「カイバー」（Khyber）地方のことである。

古い時代にイスラエル人が、アフガニスタン（アフガン人の地の意味）方面に離散していったことは、今日もアフガニスタンに、「自分たちはイスラエル人の子孫」と言う人たちが住んでいることからも、わかる。またそこには、紀元前五八六年にバビロン帝国（新バビロニア帝国）のネブカドネザル王によって捕囚された南王国ユダの人々の子孫も、住んでいる。

一八五七年にH・W・ベルーは、その著『アフガニスタンへの政治的旅の日記』の中で、アフガン人［＊パタン人、パシュトゥン人ともいう］は、自分たちを「バニ・イスラエル」（イスラエルの子ら）と呼んでいると記している。彼らは、イスラエル初代の王サウル（ベニヤミン族出身）の直系子孫であるという。

それに関し、何か特に明確な証拠があるわけではない。しかし彼らの起源と初期の歴史

〔サマリアから日本への道〕

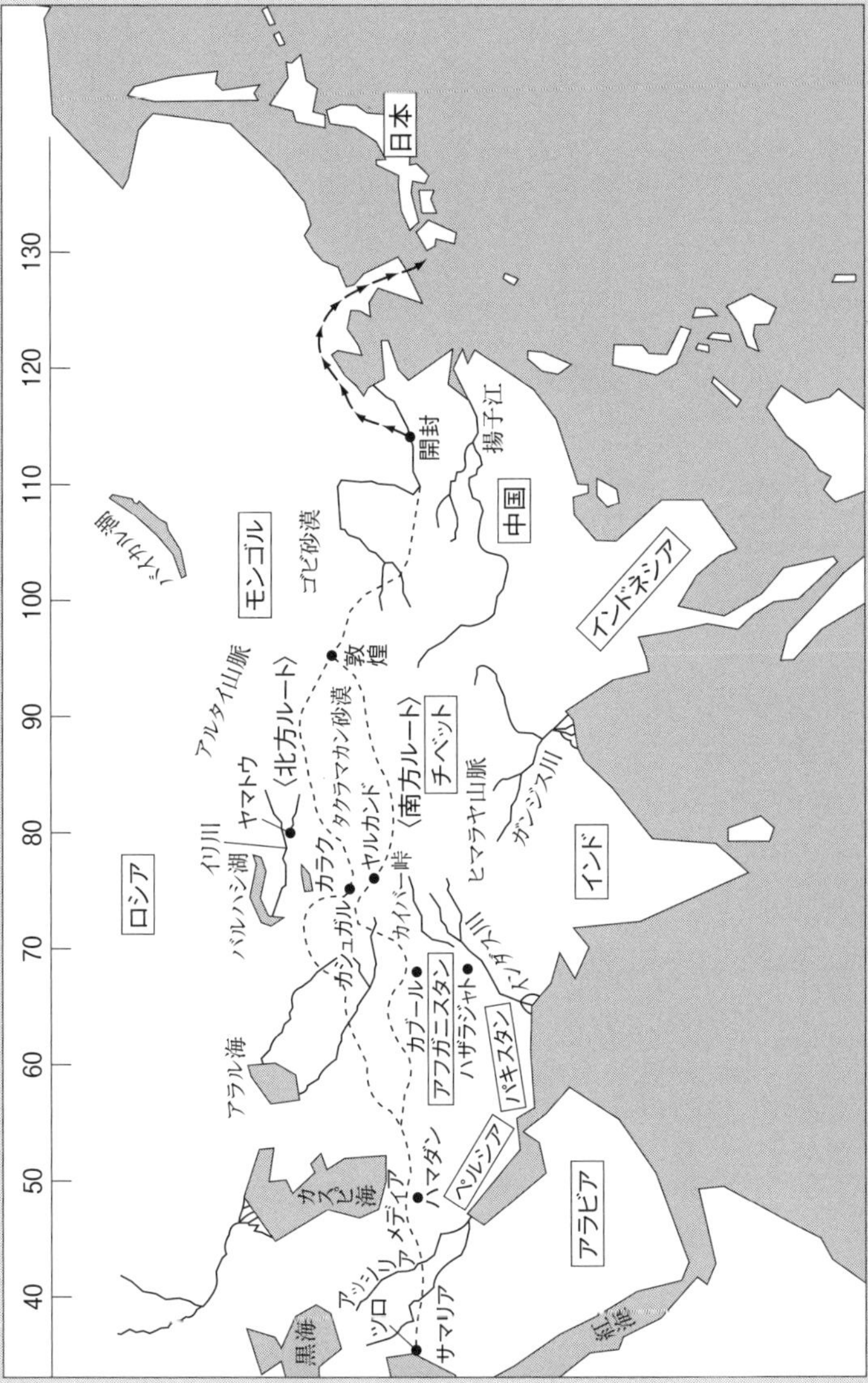

を記した古代記録には、聖書に出てくるペリシテ人や、アマレク人との戦いのことが記されている。また、契約の箱の事細かなことも記されているという。それらは、聖書を持つ古代イスラエル人だけが知っていたことだ。

「アフガン」はアラム語で改宗した者の意味となる！

今日、アフガン人のほとんどはイスラム教徒であることを考えるとき、これは興味深いことである。また彼らはイスラム教徒となったときに、自分たちを「アフガン」（Afghans）と呼ぶようになったのだと思われる。というのはアラム語で「アフカン」（Afkhan）は、「変化した（改宗した）者」を意味するのだ。

このように、イスラエル十部族はアフガニスタン方面、すなわち東方へ行ったのである。では、イスラエル十部族が「一年半」の歳月をかけて行った「誰も住んだことのない遠い地」（エズラ第二書）とは、一体どこのことだろうか。

聖書によれば、かつてユダヤ人の一団がバビロン捕囚のあと、バビロンからエルサレムまで帰るのに四カ月かかったという。

「彼らは第一の月の一日《ついたち》をバビロン出発の日とし、神の慈しみ深い御手《みて》の加護を受けて、

アフガニスタンのハザラ人の男性。ハザラジャトの地名はハザラから来ている。

第五の月の一日《ついたち》にエルサレムに到着した」（エズラ記七章九節）
これと同様のペースで、エルサレムから出発してシルクロードを東方へ進み、一年半の旅をしたら、どのあたりまで行けるだろうか。
中央アジアまで行けるのである。ちょうどイシク湖（現キルギス共和国内）あたりまで行ける。そこは、古代には「ヘラ」（khalakh と発音される）と呼ばれた地であり、ハボルやゴザン（共にアフガニスタン東部）と共に、イスラエル十部族が連れ去られていったと聖書が記録する地である。
［＊ Khallakh または Kallukh の名は、西暦九八二年にペルシャの地理学者（姓名不詳）によって書かれた『フドゥド・アル・アラム』という本に述べられている（ブハラで一八九二年に発見）］

中央アジアにしばらくいた十部族

したがって、これまで本書で述べてきた情報を総合すると、十部族はかつてアフガニスタンやキルギスあたりに、八〇〇年ほど住んでいたことがわかる。

［＊十部族は紀元前七二一年にアッシリア帝国に捕囚にされた。西暦九〇年頃に書かれたエズラ第二書は、十部族について述べている。したがって十部族は、サマリアの地から捕囚になって約

八〇〇年後まで、アルザレト（ハザラジャト）、ヘラ（カラク）、ハボル（カイバー）あたりに住んでいたことになる」

中央アジアのこの地域には、ハルハ人（Khalkha）、ウイグル人、ウズベク人、トルクメン人などのモンゴロイド系民族が住んでいる（ハルハ人は以前カラクに住んでいた民族であろう。現在はモンゴルに住んでいる）。

イスラエルの十部族は彼らとしだいに雑婚するようになり、モンゴロイド的な容貌に変化していった。しかし容貌は変化しても、彼らの多くはイスラエル人としてのアイデンティティを持ち続けたに違いない。

また、自分たちの故郷へ、ときおりメッセージや挨拶《あいさつ》も送ったと思われる。それは頻繁ではなかったにせよ、その交信は、十部族がヘラやハボルの地域に住んでいる限りは続けられただろう。

というのは、十部族の住むアフガニスタンやキルギスのあたり――中央アジアと、イスラエルの地は、シルクロードを通して結びついていたからである。そこには人や物、情報の往来があった。それで彼らは、ユダの地にいる兄弟たちとも、情報をやり取りすることができたのである。

十部族とユダの地のユダヤ人はシルクロードを介して、一世紀までは交信していた！

シルクロードを介したその交信の仕方は、次のようなものであった。

シルクロードは、だいたい紀元前二世紀頃に通商が開始された。それは中国から地中海方面に絹を運ぶ隊商が行き来する、通商の動脈であった。多いときで年に一二回くらいの行き来があった。

シルクロードは、中国東部の洛陽《らくよう》から、西に行って砂漠地帯を越え、さらにその先の巨大な「タクラマカン砂漠」（中国西部）の手前で、二ルートに分かれる。砂漠の北方を行くルートと、南方を行くルートである。

南方ルートは、さらに西に行くと、ヤルカンドやカイバー峠を通る。北方ルートは、カシュガルやカラクを通る。そして両ルートは、イランのマシュハドで再び出会う。そこからハマダンを通り、地中海方面へと通じている。

また隊商はときおり、地中海沿岸からも出発した。東へ行き、イランや、アフガニスタン北部を通り、パミール高原にある「石の塔」（タシ・クルガン）と呼ばれる地へ向かった。そこで、中国方面から来た隊商と、商品の交換などを行なった。

彼ら隊商はみな、ヘラ（カラク）や、ハボル（カイバー）といったイスラエル人の領地を通らねばならなかったのである。だから隊商の中には、イスラエル十部族から、ユダの地の兄弟たち（ユダヤ人たち）に対するメッセージを託された者もいたことだろう。

こうして情報がもたらされた。西暦一世紀末にユダヤ人歴史家ヨセフス・フラビウスが、十部族はユーフラテス川の向こうのどこかにいて、「巨大な群衆となっている」と書くことができたのも、そのためである。

このようにヨセフスの記述、およびエズラ第二書から、私たちは、イスラエルの十部族と、ユダの地のユダヤ人たちとの交信は、少なくとも西暦一世紀頃までは続いていたと考えることができる。二世紀初めくらいまで続いていたかもしれない。

その後、イスラエル十部族は、日本への移動を開始した。それにより、ユダの人々との交信は途絶え、十部族は「失われた」と考えられるようになった。

なぜ十部族は中央アジアを離れ、日本へ向かったのか？

しかし、なぜ十部族は中央アジアに八〇〇年間住んだあと、日本に移住することを決断したのか。

彼らが中央アジアを去ることを決断した理由は、見いだされていない。けれども、西暦一世紀と三世紀に、中央アジアの「タクラマカン砂漠」とその近隣に、大規模な気候変動が襲い、土地が荒廃したことが知られている。

タクラマカン砂漠は、アフガニスタンとキルギスの東に隣接する巨大な砂漠である。その砂漠化は、かつて中央アジアを襲った巨大な気候変動と、土地の荒廃によって起こった。人々は、住み慣れたその地方を離れなければならなくなり、町々や村々は廃墟《はいきょ》化した。人々は新しい安住の地を探す必要に迫られた。イスラエルの十部族もそうだったと推測される。

「タクラ・マカン」(Takla Makan)の名は、ヘブル・アラム語で「廃墟となった所」を意味する「ティクラ・マコム」(Tikla Makom)がなまったものと思われる。

タクラマカンにおける気候変動と土地の荒廃は、近隣の人々には、神の裁きとも映ったかもしれない。スウェーデン人地理学者S・A・ヘディン[*一八六五~一九五二年 中央アジア探検家]によれば、タクラマカン砂漠の周辺に住む民族には昔から、「砂に埋もれた町」の伝説があったという。

その町に住んでいたのは異教徒だった。彼らはイスラムの教えを拒んだので、イスラムの導師は、彼らの上に聖なる裁きが下るように祈った。すると「数日にわたって砂が雨のように降り続け、その地と町と住民は、みな砂の中に埋もれてしまった」という（ヘディン『中央アジアとチベット』）。

ヘディン自身、かつては湖の岸にあった町々の廃墟や、川の岸辺に立っていた干上がったポプラの木々を見ている。

十部族の安住の地は荒れ果て、砂漠化し、失われた！

また、アメリカ人地理学者エルスワース・ハンティントン［＊一八七六〜一九四七年　中央アジア探検家］も、タクラマカン砂漠の廃墟を調査したことがあり、こう述べている。

「廃墟は、見渡す限りの荒涼とした死の土地に横たわっていた。どの方角へどれほど行っても殺伐とした光景が続く。ダンダン・ウイリク（ホータンの北東約一五〇キロ）の南で、私は干上がった葦《あし》と枯れたポプラの地を、一〇キロにわたって横切った。そこで私は、北また西に、見渡す限りに広がる枯れ木の野を見た」（ハンティントン『アジアの鼓動』）

さらに、イギリスの探検家・考古学者のオーレル・スタイン卿［＊一八六二〜一九四三年］は、タクラマカン砂漠東部のロプ・ノル廃墟を探索したことがあるが、彼も、捨てられた村々、死の森、乾いた川の両岸に今もかかる橋などについて述べている。またこう書いている。

「ガラスや練り物、あるいは石などでできた、非常に美しい首飾りの数珠玉《じゅずだま》なども多く発見される。それらはかつてこの町にあった豊かな生活や、楽しみの数々を物語っている。だが、その生活は遠い過去に失われてしまった。またその町からは、中国の銅貨がザクザクと出てくる。中央に四角い穴の開いたタイプで、どれも漢の時代前期〜後期の銅貨だ」(スタイン『キャセイ砂漠の廃墟』)

中国開封での十部族のようす

これらの情報は、タクラマカンとその近辺の人々を襲った気候変動、およびその結果について、多くのことを教えてくれている。

タクラマカンの廃墟化は、一挙にというより、ある程度の期間をかけて進んだと思われる。それは中国が「漢《かん》」の時代であったとき、すなわち紀元前二〇〇年〜後二〇〇年くらいに始まった。湖はしだいに干上がり、川には水がなくなり、果樹園は枯れていった。

水がなくなった人々は、自分たちの家を捨て、しだいに他の地へ移住しなければならなくなった。やがて多くの人々が、東への移動を開始しただろう。イスラエル十部族の中にも、移住を開始した者たちがいた。

移住を決意した彼ら十部族の一部は、まだ中央アジアに残っている十部族の他の者たちに別れを告げ、東方への旅に出発する。彼ら移動する十部族のグループは、しばらくして中国の開封《カイフォン》に到着。一部の者たちはそこに住み着いた。漢の時代のことである。彼らはその後「中国系ユダヤ人」と呼ばれるようになった。

ウィリアム・ホワイトは、中国系ユダヤ人に関する彼の本の中で、開封で発見された古代碑文は、ユダヤ人がそこに初めて漢の時代に来たことを示していると、述べている。すなわち紀元前二〇二〜後二二〇年の間である。

その後、彼らユダヤ人の子孫は、他の中国人と同様、モンゴロイド的な容貌になった。彼らはまた、先祖がどこから来たのか、自分たちはイスラエルの十部族の一部なのか、という知識も失った。開封には、数十年前まで大きなユダヤ人コミュニティがあったが、今は小規模なものしかなくなっている。

朝鮮半島から日本列島へ

一方、さらにその先に進む人々もいた。移動するイスラエル十部族のおそらく大多数は、旅を続けて北東に進み、やがて朝鮮半島に到着した（ヤマトの民がかつて朝鮮半島にいて、その後、日本列島にやって来たことは、「ヤサカの勾玉《まがたま》」と同じものが数多く朝鮮半島でも出土することからも、証拠づけられると思う）。

彼ら十部族は朝鮮半島において、「東方の海を渡ったところに、人のまだほとんど住んでいない空《から》の大きな島（日本）がある」と耳にする。そのとき、荒廃したタクラマカン近辺から避難してきた彼らは、その島が果たして住むに良い地かどうか調べるため、先遣隊を送ったかもしれない。

先遣隊は、日本に行き、また戻ってくると、報告をする。日本は緑におおわれ、清らかな水の流れる地であること、またそこには先住民アイヌが若干住んでいることなどを、報告しただろう。十部族の長はそのとき、その地を征服し、そこに自分たちの新しい居住の地を建設することを決断したに違いない。

しかし、十部族が日本に上陸すると、彼らはアイヌの強い抵抗を受けて、たじろぐ。彼らの抵抗を克服するために、十部族は橋頭堡《きょうとうほ》を築く。また中央アジアに使節を派遣し、そこにいる人々に援軍を要請する。

当然のことだが、その援軍はおもに、中央アジアにまだ残っていたイスラエル十部族の他の者たちで成っていたことだろう。こうして、しばらくして十部族の大半の者たちが日本列島に移住してきたのである。そしてそこを「ヤマト」の地となした。

彼らが日本に来たことによって、かつてユダの地のユダヤ人となしていた交信は、以後、途絶えてしまった。そのために彼らは、「失われた」十部族と呼ばれるようになったのである。

「日本人１億1500万人はイスラエルの失われた部族？」と報ずるイスラエル紙。写真は、平和を祈りエルサレムでヘブル語の歌を歌いながら行進する「幕屋」の人々。

日本の神社の中で最も数の多い「八幡神社」は「はちまん」神社とも読むが、もともと「ヤハタ」神社といい、さらに古くには「ヤハダ」と言われていた。日本の手島郁郎は、秦氏はユダヤ人景教徒であり、「ヤハダ」はヘブル語のイェフダー（יהודה）、つまりユダヤ（ユダ）の意味であろうと、ラビ・マーヴィン・トケイヤー氏に語った——。写真中央が講演するトケイヤー氏。左が手島氏。〔出典：『日本・ユダヤ封印の古代史』〕

第五章　偶然ですませ得ぬ類似！　世界の孤児＝日本語とユダヤ民族のヘブル語

言語の起源と民族の歴史の重要性

言語は、民族の持つアイデンティティ（何者か）に深くかかわっているものである。世界のどんな民族も――大きな民族も小さな民族も、自分たちの言語には深い誇りを持っている。

すべての言語において、言葉の起源は、民族の過去の歴史と生活の中にたどることができる。民族が過去にどんな言語を話していたかを知るなら、どの民族が他のどの民族と親類であるかということも、わかってくる。

歴史的出来事の重要性や関連を調べるために、言語を調べるというのは別段新しいことではない。たとえば古代ユダヤの学者は、言語は人類に対する神の賜物《たまもの》であると信じていたから、すべての言葉には何か神的な暗示が含まれていると考えた。それで、しばしば言語を、天地創造や、歴史上の出来事を説明するための手段として用いた。

彼らの信条によれば、最初の人アダムはすでに言葉を話すことができ、「野のあらゆる獣」に名前をつけた。しかしこのアダムが話した言語――アダム語（あるいはエデン語）と言ってもよいが――それをなぜその後の人類は、ずっと続けなかったのか。

人類は、一つの言語「エデン」語を話していたが、バベルの塔で言語に混乱が生じ、民族ごとに分かれていった。

ユダヤの学者は次のように考える。いわゆる「バベルの塔」までは、人類は〝エデン語〟を話していた。一つの言語しかなかった。この「バベル」（バビロン）は、「混乱する」を意味する言葉から来ている。その地で人類最初の言語は混乱してしまった。聖書の創世記によれば、バベルの塔以前に、
「世界中は同じ言葉を使って、同じように話していた」（一一章一節）
が、バベルで言語に混乱が生じ、人類は民族ごとに分かれて地のおもてに離散していったのである。同じ民族は同じ言語を話し、自分たちの住むべき地に向かっていった。今日世界には、三〇〇〇以上の言語があると言われている。

すべての言語は元の一つの言語から分かれ出た

このような言語の多様性を説明するうえで、ユダヤの学者はもう一歩踏み込み、比較言語学をも用いた。彼らは諸民族を、話している言語によってグループ分けしたのである。

こうして、たとえば「ヤワン」（ギリシャ人）と「マダイ」（メディア人）は、ヤペテ系種族であるとされた。一方、「クシュ」（エチオピア人）と「ミツライム」（エジプト人）はハム系種族、また、「アラム」（アラム人）と「アシュル」（アッシリア人）はセム系種族であ

るとされた［＊ヤペテ、ハム、セムは、ノアの息子たちの名である］。

「（彼らは）それぞれの地に、その言語、氏族、民族に従って住むようになった」（創世記一〇章五節）

今日も、私たちは民族をグループ分けする際に、比較言語学の成果を用いる。もちろん古代のものよりは、もっと洗練された科学的な方法を使ったものだが。

多くの言語学者がつねに感じてきたことは、世界のすべての言語はじつは元の一つの言語から分かれ出たものではないか、ということだった。しかしそれに関する真の科学的研究は、一七八六年まで発表されなかった。

その年に、イギリスの学者ウィリアム・ジョーンズ卿［＊インド学に道を開いたベンガル・アジア協会の創設者］が、ベンガル・アジア協会の名で論文を発表している。彼はその中で、サンスクリット語（インドの古代語）、およびラテン語、ギリシャ語は互いに親類だと指摘したのである。

「それら三つの言語の類似性は、とても強い。三つの言語が、今はもう存在していない共通の源から出たと考えることなしには、どんな言語学者もその類似性を説明できないだろう」

と彼は述べている。この発見は、学者たちの想像力に火をつけ、言語学に新しい時代をもたらした。

世界の言語の孤児・日本語

数十年以内に、言語学は第二の段階にさしかかっていった。「音韻《おんいん》変化の規則性」を明らかにし、言語の系統をたどっていくと、世界のすべての言語は幾つかにグループ分けできることが、わかったのである。それは、民族と民族の歴史的関連を物語るものでもあった。

たとえば、ヨーロッパのほとんどの言語と、ペルシャ語、ヒンディー語は「インド・ヨーロッパ語族」として分類される。サンスクリット語もそうで、これらはみな共通の源から分かれ出た言語とされる。

一方、モンゴル語、トルコ語、ウイグル語は「アルタイ諸語」に属する。それらは中央アジアのアルタイ山脈で主に話された言葉だからである。

またヘブル語、アラム語、アラビア語は「セム語族」に属する。これらを話す民族は、聖書の中にセムの子孫として記されているからである。

しかしその一方、日本語は、世界の言語の中でも「孤児」と言われている。それは知られている他の言語と、あまりに違うからだ。著名な日本語学者・金田《きんだ》一春彦《いちはるひこ》（一九一三～二〇〇四年）は、その著『日本語』の中で、こう述べている。

「日本語は、文明化された国々の言語の中でも、特殊な位置を占めている。すなわち、同じような性質をもった言語は、他に全く見当たらないのである」

またこう続ける。

「明らかにヨーロッパの言語とは違い、日本語は他の言語とは容易にリンクされず、グループ分けにおさまらない。もし日本語の起源に関して答えがあるとするなら、それが出るまでには、多くの学者の不断の努力が積み重ねられなければならないであろう」

言語の親類関係の判断基準

このように日本語は、きわめて独特である。それはどこかの「語族」には容易に属さず、他の言語との関連も不確かなものが多い。

しかし、日本語と親類の言語を見いださない限りは、日本人の起源について、私たちはいつまでもわからないままである。では、どうやってその「親類の言語」を見いだせるのか。

それが、非常に重要な点だ。言語学は、二つの言語の親類関係を判断するための明確な基準は、提供していない。ただし、若干の原則は示している。アメリカの文化人類学者Ａ・Ｌ・クローバー（一八七六〜一九六〇年）は、その著『人類学』の中で、こう述べている。

「一つの言語のうち、その何千もある単語の中には、別の言語に属する単語と音が似ているというものも、ある程度の数存在する。しかしそれらの中で、音だけでなく偶然にも意味まで似ているという単語は、一つ、二つ、あるいは多くて五つくらいは存在することがある。

だから、二つの言語が親類関係にあると判断されるためには、両言語の間に、偶然とは到底言えないほど充分な数の類似語が見いだされなければならない。そのとき、私たちは理にかなう確かさをもって、両者が親類関係にあると証明することが可能になる」

この説明は、念入りなものではあるが、正確なものとは言い難い。というのは、二つの言語の親類関係を判断するために、一体どれほどの類似語を見いだせば、「充分な数」と見なせるのだろうか。そこは、私たちの常識的判断にゆだねられているわけである。

音節のシステムに着目する

しかし、二つの言語が親類であるということを示す類似語の数を決定する前に、私たちは次のことを考えてみよう。たとえば、A民族の人たちはある言語を話し、一方、B民族は、関係のない別の言語を話している。このとき、両民族が、音も意味も同じ単語を偶然に発明する可能性は、一体どれくらいあるだろうか。

これは重要な点である。というのは、言語はいつでも、情報交換システムとして発達した。そして普通、システムは、説明できない偶然を認めないのである。

二つの言語の間に、音も意味も同じ単語が存在している場合、それが偶然のもたらした結果なのか、それとも両民族の古代における親類関係を表しているのか——それを決定する明確な基準はない。それで私は、どちらであるかを探るため、一つの特別な方法に着目したいと思う。

それは「音節《おんせつ》」である。音節とは、音声の最小単位をいう［＊たとえば日本語の「こ・と・ば」は三音節から成り、英語の word は一音節とみなされる］。それはすべての言語において、話し手が意味ある文章を語ることを可能にする音声の一単位である。音節をつなげ

て話して、はじめて意味ある単語や文章となる。ところで、

「言語とは、人間の情報伝達のために使われる、勝手な音声シンボルのシステムである」

（言語に関して定まった定義はないが、多くの言語学者はこの定義に同意するであろう）

しかし、この「音声シンボル」は一連の「音節」から成っているから、この定義は、意味を変えずに次のように言い直すことができるだろう。

「言語とは、人間の情報伝達のために使われる勝手な音節のシステムである」

これが、二つの言語の間の「音も意味も同じ言葉」を偶然ととるか否かの、判断の基礎になる。

同じ発音で同じ意味の二音節の言葉が偶然に生まれる確率

一つ二つ、例をあげて説明しよう。

どんな言語にも、様々な単語を形成するための音節の種類が、幾つもある。しかし英語においては、その音節は熟語によって同じではないため、音節の種類の数は約三〇〇〇種にも及ぶ。一方、日本語ではわずか一一二種である（金田一春彦『日本語』）。

ここで仮に、人類のある民族が地球外の宇宙のどこかで暮らしていると、想像してみて

いただきたい（または人類ではなくて、宇宙人でもよい）。彼らは我々の知らない言語を話している。だが、その言語における音節の種類と数は、日本語と同じである。その彼らが話す言語と、日本語との間に、同じ音節かつ同じ意味から成る二音節の言葉が、偶然にも一つ生まれる確率は、一体どれくらいあるだろうか。

初歩的な算数を使って計算すると、その確率はおよそ一万分の一である。

［＊同じ音節から成る単語になる確率が、（一一二×一一二＝）一万二五四四分の一。さらにその単語が同じ意味になる確率は、それを日本語の単語の種類数で割ったものになる。また日本語の全単語の中にそういう単語が一つあればよいので、それに日本語の単語数をかけると、答えは約一万分の一ということになる］。

それがその宇宙の民族の話す言語と、日本語との間に、同じ発音で同じ意味の二音節の言葉が、偶然にも一つ生まれる確率である。これが三音節になると、その確率は、約一〇〇万分の一になる。

だから、文化的影響や親類関係が何もないところに、同じ音節と同じ意味から成る言葉が偶然生まれることは、ほとんどないと言ってよい。言い換えれば、もし二つの言語の間に音も意味も同じ言葉が一つでも見いだされるなら、両言語、両民族の間には何らかの文化的交流、あるいは親類関係があったと疑ってよい。

この推測は、もっと厳密な数学的アプローチをするなら、さらにはっきりするだろう。しかし実際には、二つの言語の間に、たとえ少しばかりの類似語を見いだしたとしても、親類関係を議論するのはまだ早い。語源や文化的交流をよく調べてみるなど、証拠をよく検討してみなければ、いかなる結論も出すことはできない。

私たちの経験的な見地からすれば、二、三の類似語だけの場合は、偶然の結果と片づけることも可能である。しかし二つの言語の間に、五〇〇もの類似語——すなわち音も意味も同じ言葉が存在するとしたら、どうだろうか。

それを偶然として片づけることは、できないに違いない。とくに日本語は、世界の言語界の孤児と言われる特殊な言葉である。そこに、ヘブル語と音も意味も同じ言葉が五〇〇も見いだされるとしたら？

古くからの言い回しにおける類似性

さらに、二つの言語の間の類似性が、偶然の結果か、それとも共通の源に発したものであるかを判別する別の基準は、古くからの熟語や、慣用句、言い回しにおける類似性に着目することである。

どういうことか簡単に説明しよう。熟語、慣用句というのは、二つ以上の単語で表現する言葉である。それはときに、各単語の意味を合わせただけのものとは違う意味を持つことが多い。そうした表現はどんな言語にもあり、それを他の言語に訳すときには、ニュアンスや意味を正確に伝えることがなかなか困難である。

たとえば英語に、"to beat about the bush"という言い回しがある。文字通りには「灌《かん》木《ぼく》のまわりを叩く」の意味だが、実際には「遠回しに探る」の意味で使われる。一方、"to pull one's leg"は、文字通りには「足を引っ張る」の意味だが、実際には「いじめる」の意味で使われる。

同様に、ヘブル語の「ヤーシャヴ・シヴァ」という言い回しは、文字通りには「七日すわる」の意味だが、実際には「喪に服する」の意味である［＊ユダヤ人は七日間、喪に服する］。このようであるから、二つの言語に古い時代からの同様な言い回しが見いだされるとき、それはもともと両者が親類関係にあったことを強く示唆していることになる。

同じ地理的な源を示唆する言葉

一方、同じ地理的な源を示唆する言葉が、二つの異なる言語間に見いだされるとき、それもまた、両民族の古代におけるつながりを示唆している。

このアプローチは「言語地理学」あるいは「言語人類学」などで扱われ、たとえばインド・ヨーロッパ語族の人々が有史以前にどの地域に住んでいたか、などを探るために用いられた。同じ手法は、他の民族のもとの居場所を探るためにも、用いることができる。

生物学に古生物学という分野があるが、古生物学は植物や動物の「化石」を調べて、大昔の地球の生物史を探るものである。同様に、「化石化した言葉」を調べると、大昔や有史以前の人々の生活を探ることができる。

どんな言語においても、時間と共に語彙《ごい》は変化する。新しい言葉が加えられたり、あるいは反対に、多くの言葉が使われなくなっていく。またある言葉は、何らかの理由で粘り強く持ちこたえ、何千年にもわたって使われ続ける。

たとえばインド・ヨーロッパ語族を調査した結果、熊、ビーバー、狼、馬、牛、豚、ブナ、カエデ、カシ、雪、雨、車輪、車軸などの言葉は、古代からずっと変わらずに使い続けられているという。それらの言葉は、少なくとも数千年間、同じままだったのである。

同じだったからこそ、インド・ヨーロッパ語族に属する諸民族の大昔の生活も、容易に想像することができる。言語学者によれば、熊、ビーバー、狼などの言葉は、インド・ヨーロッパ語族の人々が、大昔にも温暖な地に住んでいたことを示している。

その地には四季があり、雨や雪が降ることもあった。ブナ、カエデ、カシなどの木の森が育ち、大きな草原もあった。草原では、牛の群れを牧草地に導くために馬が用いられていたろう。馬車も荷物や人を運ぶために使われていた。

これらの事柄に当てはまる地域は、多くの学者によれば、黒海《こっかい》の北方地域であろうという。ヴォルガ川とドニエプル川の間のどこか、ドナウ渓谷あたりまでだろう。その広大な草原地域において、有史以前に、インド・ヨーロッパ語族の人々は牛や豚を飼い、馬に乗って家畜の群れを牧草地に導いていたと言われる。

インド・ヨーロッパ語族の昔の生活

言語学から生まれたこの仮説は、のちに考古学的発見による裏付けを得た。

ヴォルガ川とドニエプル川の間の地域は、いわゆる「クルガン」文化の地として知られる。クルガンとは、石や土で盛りあげた高塚状の古代墳墓である。その墓の中を調査した結果、家畜の骨、武器、農具、馬車の車輪、そのほかインド・ヨーロッパ語族の昔の生活を知る手がかりが、たくさん発見されたのである。

これらの発見や、またヨーロッパの他の地域、アジアの墓などを比較検討した結果、インド・ヨーロッパ語族の人々の早期の移住経路に関し、説が立てられた。その説によれば、紀元前三五〇〇〜三〇〇〇年くらいに、インド・ヨーロッパ語族の一群の人々が、西へ移住し、ドナウ渓谷あたりに住み着いた。他の種族はまた、南東に移住し、イラン高原に住み着いた。

当初、インド・ヨーロッパ語族の人々はみな、同じ一つの言語を話していた。それは「原インド・ヨーロッパ語」と呼ばれる。しかし何世紀もの間に民族の移住と分離が進み、それぞれの民族が話す方言は、やがて独自の言語になっていった。そして今日、それらの言語はみな「インド・ヨーロッパ語族」に属するものと、みなされているのである。

こうした言語学の研究は、いまだインド・ヨーロッパ語族に関してしか行なわれていないようである。しかし他の語族に関しても、同様の研究がなされることが期待される。また古代イスラエル人と日本人の関係についても、言語の研究から、そのつながりが浮かび上がってくるだろうか。

浮かび上がる。右に述べたような言語学的手法を日本語とヘブル語に当てはめ、その歴史的また宗教的な言葉の数々を検討してみるとき、両者のつながりが浮かび上がってくるのだ。以下に示す例は、古代イスラエル人と日本人の深い結びつきを指し示すものと、考えることができる。

化石化した古い日本語と、ヘブル語の比較

✡ヘブル語　ホゼ（hoze）

占い師を意味し、聖書には預言者や先見者の意味でも出てくる。同じ語根からなる「ハズイ」（hazui）は、現代ヘブル語では「きっと起こる」の意味で使われる。

◎日本語　ヘザ（heza　戸座）

かつて日本には、朝廷および伊勢神宮で仕えた「戸座《へざ》」と呼ばれる占い師がいた。古代法典「延喜式《えんぎしき》」（九二七年）にも出てくる。「ヘザ」は、日本語としてはこれといった意味がなく、ヘブル語の「ホゼ」から来たものと思われる。なぜなら、日本語でたとえば「来るはず」などと言うときの「〜ハズ（hazu）」は、ヘブル語のハズイと同様、「きっと起こる」の意味だからである。

✡ヘブル語　ケモシ（Kemoshi）

古代イスラエルは、しばしば近隣に住むモアブの民の攻撃を受けて、脅かされた。モアブの民は、彼らの守護神ケモシュ（Kemosh）の名にちなみ、聖書で「ケモシュの民」（民《みん》

数記《すうき》二一章二九節）とも呼ばれている。「ケモシュの民」という言葉は、ごく一般的なヘブル語において「ケモシ」の一語で言い換えることができる（Kemoshi 語尾に・iがつくと「〜人」の意味になる）。すなわち「ケモシ」は、ケモシュの民の意味である。

かつてケモシは、古代イスラエルを征服したことがある。そのとき勇敢なイスラエル人エフドは、上着の下に短剣を隠し、モアブの地に向かった。彼は策略によってケモシの王宮に入り込み、王を剣で刺し殺し、ケモシを征服した（士師記《ししき》三章一六〜三〇節）。

◎日本語　クマソ（Kumaso　熊襲）

クマソ（古代の九州西南部に住んでいた人々の総称）は、日本書紀に、ヤマトの辺境の町々を常に脅かしていた勇猛な民として出てくる。彼らを懲らしめるため、日本武尊《やまとたけるのみこと》は小さな部隊を率いて、クマソの地へ向かう。彼は上着の下に短剣を隠し、策略によってクマソの王宮に入り込み、王を剣で刺し殺し、クマソを征服した（日本書紀）。

✡ヘブル語　ヤボク（Iabok）

かつてイスラエル人の父祖ヤコブは、「ヤボク」の渡しを渡った（創世記三二章二三節）。それはザルカ川（ワディ・ゼルカ川）のことで、ヨルダンの町アンマンの北方の山地から、ヨルダン川へ流れ込んでいる。ヤボクはイスラエル民族の歴史に密接な関係を持っている。

イスラエルの父祖ヤコブは「ヤボク」で天使と格闘し、日本武尊は「イブキ」山の荒ぶる神と戦おうとする。レンブラント画

父祖ヤコブは、ヤボクで天使と格闘したが、そのときももを傷め、足をひきずるようになった。

◎日本語　イブキ（Ibuki　伊吹）

イブキ山（伊吹山　滋賀県と岐阜県の県境）は、ヤマト民族の歴史に密接な関係を持っている。日本書紀によれば、英雄的皇子・日本武尊は、「イブキ」山にいる荒ぶる神を従えようとして、失敗した。皇子は、荒ぶる神の所へ行く途中、病に倒れ、使命をあきらめねばならなかったのである。皇子はやがて、イブキ山から遠くない「ノボ野」（能褒野《のぼの》）で死んでいる。

✡ヘブル語　ネボ（Nebo）

モアブの野にある山の名。ヤボク川の南にあり、エリコの野から遠くない［＊イスラエルの指導者モーセは、ネボ山から約束の地カナンを見渡し、その後まもなくネボの山あるいは野で、世を去った。申命記《しんめいき》三四章一、五節］。

◎日本語　ノボ（Nobo　能褒）

日本書紀によれば、日本武尊は「ノボ野」（能褒野　三重県北部にある台地）で死んだ［＊彼はそこからヤマトの地をしのんで、「ヤマトは国のまほろば……」の歌を作り、その後まもなく「ノボ野」で世を去った」。

✡アラム語　キシ・イダ（kish　ida）

「手をたたく」の意味。他に、「たたく」を意味する「ハカシャ」（hakasha）というヘブル・アラム語もある。

◎日本語　カシワデ（kashiwade　柏手）

神道の祈り、儀式の一環として「手をたたく」の意味。語源は定かでない。「拍手」とも書くが、これは「ハクシュ」（hakushu）とも読み、ヘブル・アラム語の「ハカシャ」によく似ている。

✡ヘブル語　クムツァ（kumtsa）

文字通りには「一つかみの」を意味するが、聖書では、神に捧《ささ》げる供え物に関する言葉として用いられている［＊レビ記二章二節「小麦粉一つかみ（を供える）」］。

◎日本語　クモツ（kumotsu　供物）

神に捧げる供え物［＊神社では多くの場合、一つかみの各種供え物が台に載せられて、神前に捧げられている」。

✡ヘブル語　トシァ・ゴイ（toshia goi）

ヘブル語の表現で、「国を助けたまえ」の意味。また、同じく「助けたまえ」の意味の「ホシァ・ナ」（hosia na）という表現は、今もユダヤ人が「仮庵《かりいお》の祭」（収穫祭）の祈りの中で使っている［＊仮庵の祭は、ユダヤ暦の年の初めの祭であり、その年の豊作を祈るものでもある］。

◎日本語　トシゴイ［toshigoi「祈年」（祭）と書く］

日本で年の初めに豊作を祈る祭は、古くから「トシゴイの祭」（祈年祭）と呼ばれてきた［＊その起源は律令《りつりよう》以前にさかのぼると言われている］。

✡ヘブル語　トシュヴェイ・グモ（Toshvei-gumot）

ヘブル語の表現で「穴に住む者たち」。しばしば古代イスラエル人をおびやかしたエドム人は、聖書において「岩の裂け目に住む」者たちと言われている（オバデヤ書一章三節）。

◎日本語　ツチ・グモ（Tsuchi-gumo　土蜘蛛、土雲）

ヤマト王権に従わず反抗した人々を呼んで、ヤマトの人々は「ツチ・グモ」と言った。日本書紀によれば、彼らは石窟《せつくつ》、土窟などの「穴に住む者たち」であった。

［＊ツチ・グモに関しては農民説、蝦夷《えぞ》説、国津神《くにつかみ》説、などの諸説がある。その言い伝えは大和《やまと》をはじめ、東は陸奥《むつ》から西は日向《ひゅうが》におよぶ広範囲にみられる。ヤマト王権の征討《せいとう》伝承の中に、抵抗する凶賊として登場し、穴に住んで未開の生活を営み、凶暴であるとして異民族視された］

「都に上る」「都から下る」の表現

以上、幾つか日本語とヘブル語を比較してみたが、このセクションを終える前に、もう一つ、古代イスラエル起源と思われる日本人の習慣をみてみよう。

聖書時代のイスラエルでは、たとえばある人が聖都エルサレムに行くとき、「エルサレムに上《のぼ》る」と表現した。一方、都エルサレムから他の地域に行くときは、「エルサレムから下る」と表現した［＊詩編一二〇編表題「都に上る歌」、ルカによる福音書一七章一一節「エルサレムへ上る途中」、使徒言行録八章二六節「エルサレムからガザへ下る道」など］。

日本人は伝統的に、これとまったく同じ表現を使っている。都の東京に行くときは「東京に上る」と言い、東京から他の地域へ行くときには、「東京から下る」と言う［＊昔、皇居が京都にあったときは、「京都に上る」「京都から下る」と言った。電車の路線でも、都を基準に「上り」「下り」と表現する］。

もっとも、エルサレムの場合は高い丘の上の街だったから、「上る」「下る」という表現も理解しやすいことではある。しかし、東京は海沿いの都市であり、低い所にある。にもかかわらず、そういう表現を使っているのである［＊「上る」「下る」の表現は英語圏にはない。中国にもない。韓国にはあるが、これは日本統治時代に根づいたものかもしれない］。

これは、古代イスラエル人の習慣から来ているのではないか。つまりヤマトの民は、かつての自分たちの故郷の習慣を、日本の地においても使っているのである。

次章以降ではさらに、地理的名称、熟語、また古代の風習などもみていきたいと思う。それらは明らかに、古代日本とイスラエル人の間に深いつながりを示している。

そしてこのことは、日本人が今日も話している日本語の中に数多くのヘブル語が含まれている事実からも、裏づけることができる。次章では、そうしたヘブル語起源と思われる日本語の例を、五〇〇ほど示したいと思う。

エルサレムの「ヒゼキヤの池」。イスラエルでは日本と同様、「都にのぼる」「都からくだる」という表現を使う。

JAPANESE BELIEVE THEY BELONG TO LOST TRIBE

by Susan Bellos
Jerusalem Post Reporter

SOME Japanese believe they are descendants of Jews. There is nothing particularly startling in this, according to Dr. Avraham Altman, lecturer in Japanese language and history at the Hebrew University, since other Japanese sincerely believe they are descended from Greeks, Romans and even the ancient Chaldeans. The Japanese, whose ethnic origins are actually rather mysterious, have been casting around for more than half a century in search of their distant forefathers. What is unusual is the fascination, already some fifty years old, with what might be crudely called "Jewish Power."

Before 1917 there had been various theories advanced by Japanese and others that they were descendants of the Ten Lost Tribes. After 1917, according to Dr. Altman, two highly disparate notions reached Japan. One was the "International Jewish Bolshevist Conspiracy" and the other was "International Jewish Finance" i.e. control of world capital. These two ideas in rather garbled versions influenced some Japanese, who read all the antisemitic literature going around Europe in the twenties and thirties, in Japanese translation. However in spite of no less than four separate translations of "Mein Kampf" (one with the imprint of the Japanese Foreign Ministry) it was "Antisemitism without the sting," since there was no persecution of the Jews by the Japanese and in some cases they were actually saved from German hands.

Secret power

Both "conspiracy" notions have an element in common, that is, some secret and enormous power. When the Japanese were possessed with dreams of Imperial glory in the 'thirties', some officer circles in particular were interested in making contact with the Jews, to the extent that when they entered Manchuria they got in touch with local Jewish (and Zionist) groups. The Japanese were interested in the Jews because they thought they had capital and the Jews, as stateless persons, were interested in security and protection. In 1945 Japan was smashed, physically, spiritually, materially and in every way a nation can be crushed. The official status of the Shinto religion was rescinded, and the Emperor was no longer a deity. Since then there has been an enormous burgeoning of different religions in Japan, and, according to Dr. Altman, "There are at least 200 registered with the government." Only about one million out of the 100 million Japanese are monotheists and these are mostly Christians. There are, incidentally, two known Jews in Japan who were born Japanese (apart from converted wives of ex-Shanghai and other Far Eastern Ashkenazi Jews). One of these two came to Jerusalem to study and be converted, while the other studied at the Hebrew Union College in the U.S.

The Fujinomiya family at home in Japan

terest in Japan amongst ... others, in Israel and Judaism since 1945. Some Christians see the ingathering of the Jews in their ancient land as the harbinger of the Second Coming, whilst others see the Jews again as a "special" ...

that she has left her two small daughters, aged two years and nine months respectively, in the care of her mother-in-law ... years ago, Dr. Fujinomiya gave her a sacred stone (the "manna Stone") that had been in his keeping. The stone is the medium through which God speaks to ...

Abu Youssef, Beduin friend of Jews, dead at 85

ROSH PINA. — Sheikh Hussein Muham- ... land, and large flocks of sheep. In 1933 he accepted a job as watchman at Maha-

1968年８月26日付「週刊エルサレム・ポスト」に京都からエルサレムに来た富士宮瓊光《ふじのみやたまみつ》氏の記事が載っている。記事によれば、日本人のうち400万から500万人が、イスラエル十部族の中心的部族エフライム族の流れを汲む子孫であると富士宮氏が信じていると述べている——。〔出典：『日本・ユダヤ封印の古代史』〕

第六章　ヘブル語起源の日本語［精選五〇〇語］一挙掲載！

日本人とイスラエル人のつながりを示す類似語の数々

二つの言語の間に、音《おん》も意味も同じ、あるいは非常に近似した言葉が数多く見いだされるとき、それらの言語を話す両民族が過去において密接な関係の中にあったことは、疑いの余地がない。

この「数多く見いだされるとき」という表現は、漠然としたものではある。しかし言語学では今のところ、それ以上の定義をすることができない。だから私は、古代において日本人とイスラエル人が密接につながっていたことを示す「充分な数」の証拠として、本章において、日本語とヘブル語の類似語例を五〇〇ほど示したいと思う。

この「類似語」とは、音と意味の両方において非常に似通っている言葉をいう。音は、長い時代の間になまることはあるが、系統的変化の範囲内と認められるものに限る。また類似語における若干の音の違いは、古代における「方言」として理解することも可能である。

実際、聖書時代においても、イスラエル一二部族の間には「方言」が存在していた。聖書は、エフライム族の方言のことを記している（彼らは「シ」の発音ができず、「シボレテ」

と発音すべきところを「スィボレテ」と発音していた。士師記《ししき》一二章五〜六節）
しかし簡略化するために、私は一応、現代ヘブル語の発音を「標準」とし、日本語は「方言」と解釈して進めていきたいと思う。
なお、古代イスラエル人は、「アラム語」（ヘブル語と兄弟言語）、および「シリア語」（アラム語の東方における方言）も話した。そこで、それらの言語と日本語の類似語例も含めてある。以下が、ヘブル語（およびアラム語、シリア語）と、日本語の類似語例である。

ヘブル語と日本語の類似語――五〇〇例

グループ1　類似性が一見して明らかなもの

このグループのヘブル語と日本語は、その類似性が一見して明らかであり、方言的変化の少ないものである。ただし、「ア」と「ウ」の母音は入れ替わっていることが多い［＊重要なのは子音の類似性である。母音は比較的変化しやすい］。

おのおのの項目で、前者は、とくにことわっていないものはヘブル語である。アラム語、シリア語の場合はその旨を示してある。また後者は日本語である。両者における特に子音の類似性を明らかにするために、ローマ字表記も入れた。

	発　音	意　味
1	アガム（agam）	悲しむ、疲れる、嘆く
	あぐむ（agumu）	倦む（飽き疲れる、もてあますの意）
2	アガム（agam）	曲がる
	ゆがむ（yugamu）	歪む（曲がる、ねじれるの意）
3	アイカ（aika アラム語）	苦痛、悲しみ、悲嘆
	あいか（aika）	哀歌（悲しみを歌ったもの）
4	アカ（aka）	疲労、飽き、困窮
	あき（aki）	飽き（飽きること）
5	アカル（akar）	場所を去る、場所から離れる
	あける（akeru）	空ける（「部屋を空ける」等、「去る」の意）
6	アーナン（anan）	雲
	あんうん（an'un）	暗雲
7	アンタ（anta）	貴方

	あなた（anata）	貴方（あんた）
8	アッセイ（asei アラム語）	抑圧する
	あっせい（assei）	圧制
9	アワル（avar）	過去、終了、終わり
	おわり（owari）	終わり
10	アヴナ（avna アラム語）	石
	いわね（iwane）	岩根（巌《いわお》のこと）
11	アーゼン（azen）	横にする
	おうせん（osen）	横線
12	バル（bar アラム語）	文字通りには「息子」の意だが、他の語と合わさって使われるとき、「年齢」も意味する。
	ばれい（barei）	馬齢（自分の年齢の謙称。「馬齢を重ねる」等）
13	バレル（barer）	明らかにする、確かめる、見つける
	ばれる（bareru）	ばれる［＊（たくらみが）見つかるの意］
14	ダベル（daber）	話す
	だべる（daberu）	おしゃべりをする［＊「駄弁《だべん》」を動詞化した語］
15	ダハ（daha）	押しやる
	だは（daha）	打破
16	ダハ（daha）	押しやる

	だっぴ（dappi）	脱皮
17	ドゥン（dun）	議論する、談話する
	だん（dan）	談（「委員長の談」等）
18	エフォド（ephod）	古代イスラエルの祭司が上半身に身につけた一種のベスト。とくに大祭司のエフォドは、金色等の糸で作られ、二つのシマメノウの宝石で飾られていた（出《しゅつ》エジプト記《き》二八章六～九節）。一方、ダビデ王は、ある重要な宗教的儀式において、「麻のエフォド」（サムエル記下六章一四節）を身につけた。聖《せい》装束《しょうぞく》の一つである［＊邦訳によっては「エポデ」とも書く］。
	おふだ（ofuda）	お札（木でできた守り札で、神の名が記してある。神社で配られ、神道信者の家庭で護符として使われる）
19	ゲール（ger）	外来者、ユダヤ教への改宗者
	がいらい（gairai）	外来
20	ゴイ（goi）	外人、外国人、見知らぬ者、民
	がい（gai）	外（「外人」「外国」「外語」等、自国以外のものをさす）
21	グード（gud アラム語）	グループを作る
	ごうどう（godo）	合同
22	グンダ（gunda アラム語）	団、軍団
	ぐんだん（gundan）	軍団

23	ハダー（hada）	案内する、指導する、補導する
24	ほどう（hodo）	補導
	ハエル（haer）	輝く、照り輝く、異彩を放つ
	はえる（haeru）	映える（照り輝く、色あざやかに見えるの意）
25	ハカル（hakar）	探る、調査する
	はかる（hakaru）	測る、計る、量る
26	ハケ（hake）	打つ、たたく
	はく（haku）	拍（「脈拍」「一拍、二拍」「拍子」等、打つこと、たたくこと）
27	ハケー（hake）	待つ
	ひかえ（hikae）	控え（引きとどめること）
28	ハラ（hara）	怒る
	はら（hara）	「腹が立つ」の「ハラ」で、怒りの意（「腹」の漢字は後世の当て字か）。
29	ハラヴ（harav）	滅ぶ、破滅する
	ほろぶ（horobu）	滅ぶ
30	ハツァア（hatsa'a）	発案、提案
	はつあん（hatsuan）	発案
31	ハツァア（hatsa'a）	発案、提案
	はつい（hatsui）	発意（思いつきの意）

32	ハーヤー（haya アラム語）	早く
	はやい（hayai）	早い
33	ハーヤー（haya）	病が治る
	へいゆ（heiyu）	平癒（病が治ること）
34	ハザザ（hazaza）	取り外す、外す
	はずす（hazusu）	外す
35	ヘドゥ（hedu）	喜び
	はで（hade）	派手（色どり・行動などの陽気さ）
36	ヘケル（heker）	測り、測定器（25番「ハカル」と同じ語根）
	はかり（hakari）	測り
37	ヘン（hen）	恵み、美、品
	ひん（hin）	品
38	ヘビァ（hevia）	まむし
	へび（hebi）	蛇
39	ホウク（hok）	法律、規則、習慣、規制
	ほうき（hoki）	法規
40	ホウカン（hokan）	法律にたずさわる人。この言葉はヘブル語にないが、ヘブル語として可能な言葉である。ホウク（法）＋職業を示す接尾辞アン＝ホウカンとなり、判事や法律家の意。

	ほうかん（hokan）	法官（法律にたずさわる人）
41	ホレル（horer）	穴を掘る
	ほれる（horeru）	掘れる
42	インカー（inka アラム語）	のど、首
	いんこう（inko）	咽喉（のど）
43	カアラ（ka'ara）	器、椀
	こうろ（koro）	香炉
44	カアサー（ka'asa アラム語）	怒り、悲嘆、熱狂
	きょうそう（kyoso）	狂騒（熱狂）
45	カベツ（kabets）	物を集める、施し物を集める
	こぶつ（kobutsu）	古物（中古の物。カベツ＝「（中古の物を）施し物として集める」に意味上の変化が起き、単に「中古の物」の意味になった？）
46	カベツ（kabets）	人々を集める
	こべつ（kobetsu）	戸別（家ごと。これも前項と同じく、意味上の変化が起き、「家ごとに回って人々を集める」が単に「家ごと」の意味になった？）
47	カマ（kama）	穀物
	コメ（kome）	米
48	カメーン（kamein アラム語）	隠れる、隠す、覆う

	かめん（kamen）	仮面
49	カラ（kara）	切り開く、裂く、分割する、引き裂く
	きる（kiru）	切る
50	カラ（kara）	穴をあける、えぐる、掘る
	くる（kuru）	刳る（穴をあける、えぐる、掘るの意）
51	カラス（karas シリア語）	乾く、干上がる、枯れる
	からす（karasu）	枯らす
52	カレル（karer）	冷ます、カゼをひく
	かれる（kareru）	（声が）嗄れる（カゼをひくと、ふつう声がかれる）
53	カサー（kasa）	おおう、隠れる、隠す
	かそう（kaso）	仮装
54	カサ（kasa）	守る、おおう
	かさ（kasa）	傘
55	カーシャー（kasha）	質問する
	こうしょう（kosho）	考証
56	カシャル（kashar）	準備する
	こしらえ（koshirae）	拵え（作ること、整えること）
57	カワ（kava）	（運河や盆地に）水を運ぶ
	かわ（kawa）	川

58	ケン（ken）	兼ねている
	けん（ken）	兼（兼ねている）
59	キーラ（kira アラム語）	買うこと、販売
	かいいれ（kaiire）	買い入れ
60	キユム（kiyum）	存在、実体、生計
	きゅうめい（kyumei）	救命
61	コウ（ko）	こう、このように
	こう（ko）	こう（このように）
62	コカラ(kokara アラム語)	罠《わな》
	かかる（kakaru）	（罠に）掛かる
63	コネン（konen）	哀悼する（「哀悼」と「記念」は、ヘブル語の伝統では同義。たとえばユダヤ暦第五月九日は、ユダヤ人が聖書の哀歌を読み、古代エルサレム神殿の滅亡を「哀悼」する「記念」日となっている）
	きねん（kinen）	記念、追想すること
64	コオル（kor）	寒い、冷たい
	こおり（kori）	氷
65	コオル（kor）	寒い、冷たい
	こおる（koru）	凍る

66	コシ（koshi）	困難、障害、故障
	こしょう（kosho）	故障
67	クーリァ（kria）	読むこと（とくに聖書を）
	こうりょう（koryo）	校了（校正読みを終えること）
68	クビタ(kubita シリア語)	帽子、フード
	かぶと（kabuto）	兜
69	クルガ(kurga シリア語)	旅行用風呂敷（かばん）、ポーチ
	からげ（karage）	絡げ（からげること、巻きつけてゆわえること）
70	クザー（kuza アラム語）	水差し、ワインピッチャー
	きざい（kizai）	器材（器）
71	マヴァル（ma'var）	通路、方向転換、回り道
	まわる（mawaru）	回る（回り道をする）
72	マゴル（magor）	住居、アパート
	まがり（magari）	間借り（部屋を借りる）
73	マゴフ（magov）	鍬《くわ》
	まぐわ（maguwa）	馬鍬（馬や牛に引かせて田畑をかきならす農具）
74	マラ（mara アラム語）	毒
	もる（moru）	（毒を）盛る
75	マタ（mata）	～の下、～のもと

	もと（moto）	下（もと）
76	メガマ（megama）	方向、目的、意図、態度
	みがまえ（migamae）	身構え（姿勢）
77	メツァル（metsar）	トラブル、苦しみ、困難
	もつれ（motsure）	縺れ（からまり合って離れなくなること、トラブル。「愛情のもつれ」等）
78	ミシュゲー（mishge）	間違い、エラー
	まちがい（machigai）	間違い
79	ミツ（mits）	果汁
	みつ（mitsu）	蜜（甘い液）
80	モノ（mono アラム語）	物、衣服
	もの（mono）	物
81	モツァ（motsa）	文字通りには「出口」だが、熟語的表現の中では「期間の終わり」「期末」「聖日の終わり」を意味して用いられることもある。たとえば「モツァ・シャバット」（モツァエイ・シャバット）は「安息日の終わり」を意味する。
	まつ（matsu）	末（「週末」「二〇世紀末」等、「期間の終わり」の意）
82	ナガヴ（nagav）	拭う、拭《ふ》く
	ぬぐう（nuguu）	拭う（拭く）

83	ナカム（nakam）	復讐《ふくしゅう》する、仇を討つ
	にくむ（nikumu）	憎む（復讐までには長い期間の憎しみが先立つから、「復讐する」を意味する「ナカム」に若干の意味の変化が生じ、「憎む」になったのではないか？）
84	ナカル（nakar）	貫通する、取り除《の》ける、他へ移す
	のける（nokeru）	除ける、退ける（他へ移すの意）
85	ナカ（naka）	掃除する、除去する
	ぬく（nuku）	（しみなどを）抜く（除去するの意）
86	ナサ（nasa）	生む、妊娠する
	なす（nasu）	生す「＊生むの意。「七人の子をなす」「なさぬ仲」「おのがなさぬ子なれば」（竹取物語）」
87	ナセ（nase）	試《こころ》みる、試《ため》す
	なす（nasu）	為す（行なう、するの意）
88	ニガル（nigar）	流れ
	ながれ（nagare）	流れ
89	ニサ（nisa）	旗、見出し、しるし
	ぬさ（nusa）	幣（神社でお祓《はら》いに使う物。棒の先に白いジグザグの紙がたくさんついている）
90	ラアム（ra'am）	雷

91	らいめい（raimei）	雷鳴
	ラアシュ（ra'ash）	雑音、動揺、地震
92	れっしん（resshin）	烈震（激しい地震）
	ラーキア（rakia）	空
93	りょうくう（ryoku）	領空
	ラーネン（ranen）	文字通りには「歌う」だが、しばしば「論難」「告発」の意味にも使われる。
94	ろんなん（ronnan）	論難（論じて非難すること）
	レアヤ（reaya）	「見る」を意味する「ラア」から来た語で、「証拠」「証明」を意味するが、単にそうした実例に基づく「理由」の意味にもなる。
95	りゆう（riyuu）	理由
	レイ（rei）	前の語と同じ語根で、「理由を見る」「（実例で）示す」といった意味にもなる。
96	れい（rei）	例
	レーシャ（resha）	悪事、悪
97	ろうしゅう（roshu）	陋習（悪い習わし）
	サール（sa'ar　シリア語）	する、行動する、実行する
98	する（suru）	する
	サーガル（sagar）	閉じる、遮る、ふさぐ、妨げる

	さえぎる（saegiru）	遮る
99	シャガム(shagam アラム語)	曲がる
	しゃがむ（shagamu）	しゃがむ（体を曲げてうずくまる）
100	シャマシュ（shamashut）	奉仕（所）、とくにシナゴーグ（ユダヤ教会堂）の事務所
	しゃむしょ（shamusho）	（神社の）社務所
101	シャネン（shanen）	教える、学ぶ
	しなん（shinan）	指南（教え示すこと）
102	シャセ（shase）	そそのかす、けしかける
	しそう（shiso）	指嗾（そそのかすこと、けしかけること）
103	シェム（shem）	名、肩書き
	しめい（shimei）	氏名
104	シェナ（shena）	眠り
	しん（shin）	寝（寝ること。「寝につく」等）
105	シェツェイ(shetsei アラム語)	外出する
	しゅつゆう（shutsuyu）	出遊（外出してよそで遊ぶこと）
106	シト（shit）	底、基礎
	した（shita）	下
107	ショーテ（shote）	ばかげた、きちがい
	しゅうたい（shutai）	醜態

108	シューク(shuk アラム語)	接見する
	しょうかい（shokai）	紹介
109	シューカー(shuka アラム語)	市場
	しょうかい（shokai）	商会
110	シュマ(shuma アラム語)	見積もり
	しま（shima）	揣摩（推量、推測の意）
111	シュラ(shura アラム語)	要塞《ようさい》、砦《とりで》
	しろ（shiro）	城
112	シュート（shut）	舟で航行する
	しょうてい（shotei）	小艇、小さなボート
113	シカ（sika）	鋤《すき》の刃
	すき（suki）	鋤
114	シユム（siyum）	結論、終わり、終了
	すむ（sumu）	済む
115	ソートー(soto アラム語)	一掃、拒絶
	そうとう（soto）	掃討
116	ソトー（soto シリア語）	甘味
	さとう（sato）	砂糖
117	タイラ（taira シリア語）	鳥

	とり（tori）	鳥
118	タラー（tar’a アラム語）	門、扉
	とりい（torii）	鳥居
119	タヤル（tayar）	斥候《せっこう》（情報を持ってくるために遣わされる）
	たより（tayori）	便り
120	テウラー（teura）	明かり、灯火
	とうろう（tooroo）	灯籠（神社には道の両側に灯籠がある。次も参照）
121	テウラー（teura）	明かり
	てる（teru）	照る
122	ツァラー（tsara）	つらいこと、トラブル、苦痛、困窮
	つらい（tsurai）	辛い
123	ツーカ（tsuka）	困窮《こんきゅう》、トラブル、苦痛
	つうく（tsuku）	痛苦
124	ウマト（umat）	前に
	おもて（omote）	表［＊前。興味深いことに、古代イスラエルには東側を「前」、西側を「後ろ」（裏）と呼ぶ風習があった。日本でもこの風習が続いており、東側の太平洋側を「表日本」、西側の日本海側を「裏日本」と呼んでいる」
125	ヤアン（ya’an）	なぜならば、理由は

	ゆえん（yuen）	所以（理由、わけ）
126	ヤド（yad）	手
	うで（ude）	腕
127	ヤダム（yadam）	これはヘブル語にはないが、ヘブル語文法にはかなっており、「よどんだ」「流れのない」の意味になる。
	よどむ（yodomu）	淀む（流れがとどこおる）
128	ヤドゥル（yadur）	語根「ドゥル」から、「住む」「宿る」の意。
	やどる（yadoru）	宿る
129	ヤエ（yae）	良い、すてきな、きれいな
	よい（yoi）	良い
130	ヤム（yam）	海、湖
	うみ（umi）	海
131	ヤラ（yara）	射る
	いる（iru）	射る
132	イーラ（yir'a）	恐れ、憂慮
	ゆうりょ（yuryo）	憂慮
133	ユルシェ（yurshe）	許されるであろう
	ゆるし（yurushi）	許し

グループ2　ヘブル語のL音が、日本語でR音や母音に変化しているもの

このグループでは、ヘブル語の「L」の音が省かれていたり［＊L音は弱い発音なので、あまり聞こえない］、「L」が日本語で「R」に変わったりしている。「L」が母音や半母音になっている場合もある。グループ1の続きと思ってよい。

134	アカー（akal）	回す、ひねる
135	うかい（ukai）	迂回（回り道）
	アー（al）	上、上に
136	うえ（ue）	上
	アラル（alal）	収穫を集め持ってくる
137	いれる（ireru）	入れる（持ってくる）
	アーツ（alats）	喜ぶ
138	えつ（etsu）	悦（悦に入ること）
	アリ（alil　アラム語）	入り口
139	いり（iri）	入り（入ること。139番も参照）
	アリ（alil　アラム語）	入り口

	いりえ（irie）	入り江（138番も参照）
140	アーミン(almin アラム語)	永遠(「ベイト・アルミン」で「永遠の家」を意味し、墓のこと)
	えいみん（eimin）	永眠
141	アツァ（atsal）	ゆっくり、なまけて
	いつ（itsu）	逸（楽にしていること）
142	バラ（bala）	疲れきる
	びよう（biyo）	微恙（少し体のすぐれないこと。143番も参照）
143	バラ（bala）	疲れきる
	びょう（byo-）	病（142番も参照）
144	ブリヤ（bliya）	「バラ」と同じ語根で、「疲れ」「飽き」。
	ぶりょう（buryo）	無聊（退屈の意。「無聊に苦しむ」等）
145	ダーハー（dahala）	礼拝者
	だいはい（daihai）	代拝（本人に代わって参拝すること）
146	ガルゲル（galgel）	回す、回る、曲がる（296番も参照）
	ぐるぐる（guru-guru）	ぐるぐる（回る様子）
147	ハアレ（ha'ale）	文字通りには「上げる」だが、しばしば「着る」の意味でも使う。
	はおる（haoru）	羽織る（着るの意）
148	ハイ（hail）	兵、軍
	へい（hei）	兵

149	ハラー（halal）	清める
	はらい（harai）	祓い（神道の清めの儀式）
150	ハレー（halel）	乱用する、けがす
	へい（hei）	弊（悪い習わし。「従来の弊を改める」等という）
151	ハーカー（haluka）	分割、分配、お金や食べ物の配給
	はいきゅう（haikyu）	配給
152	ハヤ（hayal）	兵士、軍人
	へい（hei）	兵（１４８番も参照）
153	ヘイ（heil）	低い塀
	へい（hei）	塀
154	ヒートゥ（hitul）	束縛
	ほうたい（hotai）	包帯
155	ホー（hol）	伝説の鳥（不死鳥）
	ほう（ho）	鳳（中国の伝説上の鳥である「鳳凰《ほうおう》」の雄）
156	フー（hul）	包囲する
	ほうい（hoi）	包囲
157	イーア（ila）	陰謀、弁解
	いいあい（iiai）	言い合い
158	イーイ（ili）	優れた、最高の、高められた

	えいい（eii）	栄位（光栄ある地位）
159	イルィ（ilui）	「イリ」と同じ語根で、「高いランク」「重んじられた」を意味する。
	いよう（iyo）	偉容（威厳あるさま。160番も参照）
160	イルイ（ilui）	「イリ」と同じ語根で、「偉大な（とくに知識で）」「りっぱな」の意。
	えらい（erai）	偉い、りっぱな（159番も参照）
161	カベル（kabel）	受ける、自身の義務として負う
	かぶる（kaburu）	（人の罪や責任などを）被る（負う）
162	カハー（kahal）	群衆、共同体、群れ
	かい（-kai）	界（「社交界」「実業界」等。163番も参照）
163	カハー（kahal）	集会
	かい（kai）	会（162番も参照）
164	カー（kal）	下位の、低い
	かい（kai）	下位
165	カラ（kala）	終わり、期間の終了
	くれ（kure）	暮れ（終わり、期間の末）
166	カリー（kalil）	軽い
	かるい（karui）	軽い

167	カーカア（kalkala）	食糧や物の供給
	きょうきゅう（kyokyu）	供給
168	カシャー（kashal）	つまずく、罪に導かれる
	こしょう（koshoo）	故障（具合が悪くなること、さしさわり）
169	キ（kli）	乗り物、入れ物
	き（ki）	器
170	キ（kli）	道具、器具
	き（ki）	機
171	キ（kli）	衣装、衣服
	き（ki）	着
172	キ・モノ（kli mono）	これはヘブル語としては使われていないが、ヘブル語文法にはかなっており、「着物」の意味になる（80番も参照）。
	きもの（kimono）	着物
173	クリア（kli'a）	拘留、監禁
	こうりゅう（koryu）	拘留
174	コー（kol）	声、音
	こえ（koe）	声
175	コー（kol）	すべて、全体
	けい（kei）	計（全体）

176	クル（kulu　シリア語）	妨げ、障害、妨害
	くろう（kuro）	苦労
177	コシェー（koshel）	「カシャー」（１６８番　つまずく）と同じ語根で、「つまずいたもの」「悪くなってしまったもの」の意。
	かしょう（kashoo）	訛称（なまって言うこと）
178	クー（kul）	測る
	けい（-kei）	（温度計などというときの）計、計器
179	マアガル（ma'agal）	円
	めぐる（meguru）	巡る（71番も参照）
180	マーラー（malal）	話す、宣言する
	めいれい（meirei）	命令
181	マレ（male）	全部、完全な
	まる（maru）	（丸焼け、丸出しなどというときの）丸（全部の意）
182	メアラ（me'ala　アラム語）	来て入ること、入場
	まいる（mairu）	参る（来る）
183	メウレー（me'ule）	良質
	むるい（murui）	無類（たぐいがないこと）
184	ムー（mul）	前に、反対の
	まえ（mae）	前（１２４番も参照）

185	ナハラ（nahala）	土地（ふつう農地）
	のはら（nohara）	野原
186	ノアル（noal）	ばかな、ばかげた
	なおれ（naore）	名折れ（名誉が傷つけられること）
187	タベル（tabel アラム語）	文字通りには「浸す」の意味だが、塩や酢などに浸して食べ物を食べるの意味にも使われる。とくに中近東では、パンをスープに浸して食べるのが普通で、「タベル」（浸す）と「食べる」は同義に使われたと思われる。
	たべる（taberu）	食べる
188	タラ（tala）	つるす、垂らす
	たれ（tare）	垂れ（垂れること）
189	ターガ（talga アラム語）	雪、寒さ、冷たさ、霜
	とうがい（toogai）	凍害（気温低下による害）
190	ターイー（talil アラム語）	上げられた、高い
	とうよう（toyo）	登用、登庸（人材を引き上げて用いること）
191	トル（tol）	取る、つかむ
	とる（toru）	取る
192	トゥル（tul アラム語）	歩き回る
	とおる（tooru）	通る

グループ3　S、SH、CHが入れ替わっているもの

このグループのものは、グループ1、2で述べた変化以外にも、ヘブル語と日本語の間で「S《ス》」と「SH《シュ》」が入れ替わっていたり、あるいは「CH《チ》」に変わっていたりする［＊S、SH、CHは発音が近いため、言語学的に入れ替わりやすいとされている］。

193	ハシル（hashir）	落とす、落ちる
	おちる（ochiru）	落ちる
194	カシャル（kashar）	結びつく、結び目、輪を作る、結びつける
	くさり（kusari）	鎖
195	コーシー（koshi）	硬いこと、困難（66番も参照）
	こうせい（kosei）	硬性（硬いこと）
196	クシュ（kush　アラム語）	葦《あし》
	くさ（kusa）	草
197	ミショ（mish'ol）	道、小道、狭い道
	みち（michi）	道
198	ナシ（nasi）	代表、長、主人、王子

	ぬし（nushi）	主
199	シャーア（sha'a）	思いやる
	ちょうい（choi）	弔意
200	シャーア（sha'a）	注意する、気をつける
	ちゅうい（chui）	注意
201	シャア（sha'a）	時、～の際
	さい（sai）	際
202	シャガー（shaga）	違う、間違っている（78番も参照）
	ちがう（chigau）	違う
203	シャガー（shaga）	失っている、横道にそれた
	そがい（sogai）	疎外（うとんじて退けること）
204	シャカ（shakhal）	家族近親を失う
	そうか（soka）	喪家（喪中の家）
205	シャキャー(shakya アラム語)	くぼみ
	ちこう（chiko）	地溝（くぼんだ土地）
206	シャラー（shala）	取り除く（たいていは水から）
	さらう（sarau）	（水底などを）さらう（ゴミなどを取り除く）
207	シャラー（shalal）	捕らえる、連れ去る、戦利品
	さらう（sarau）	（人を）さらう、（人気を）さらう、等

208 シャーワー（shalva）　静けさ、満足、幸福
さいわい（saiwai）　幸い
209 シャーマー（shama）　聞く、聴く
ちょうもん（chomon）　聴聞
210 シャマル（shamar）　見張る、守る、護衛する
さむらう（samurau）　侍う［＊（貴人のそばで）守る、仕える］
211 シャムライ（shamrai）　守る者、護衛［＊この語は現代ヘブル語にはないが、ヘブル語文法にそっており、過去においては「守る者」を意味して使われたと思われる。語尾のアイ（-ai）は、人の職業または性格を表す。たとえば「バナ」（建てる）に語尾「アイ」をつけて「バナイ」とすると「建設者」の意味、「カネ」（嫉妬《しっと》深い）に語尾「アイ」をつけて「カナイ」とすると「嫉妬深い者」の意味になる。同様に、「シャマル」（守る210番）に語尾「アイ」がついて「シャムライ」、すなわちサムライ（侍）になったと考えられる］
さむらい（samurai）　侍、武士［＊彼らは、すでに平安時代には一つの身分、階級として存在するようになった。主君と領地を守るために仕えていた。彼らの務めは「さむらう」（守る、仕える）ことであったので、やがて「さむらい」（侍、守る者、仕える

者）と呼ばれるようになった。軍隊を構成し、主君のためにいつでも戦える備えをしていた」

212 シャオン（sha'on）　雑音、騒音
そうおん（soon）　騒音

213 シャテー（shate）　ばかにする
ちたい（chitai）　痴態（常識を欠いたばかげた態度）

214 シャウー（shaul）　サウル［＊古代イスラエル初代の王の名。彼について聖書は、「美しい若者で、彼の美しさに及ぶ者はイスラエルにはだれもいなかった。民のだれよりも肩から上の分だけ背が高かった」（サムエル記上九章二節）と述べている」
ちゅうあい（chiuai）　仲哀［＊ヤマト朝廷の第一四代天皇。日本書紀は彼について、「容姿端正で、身丈は十尺（約三メートル）あった」と記している。第一章参照］

215 シャワ（shava）　呼びつける、助けを求めて叫ぶ
せわ（sewa）　世話

216 シャーウェ（shave）　均等な、等しい、均整のとれた
ちょうわ（chowa）　調和（２１７番も参照）

217 シャーウェ（shave）　等しくする、均等にする
ちゅうわ（chuwa）　中和（かたよらず均等になること。２１６番も参照）

218	ショイ（shoi アラム語）	会話、物語、話
219	さわ（sawa）	茶話
	シュカ（shuka アラム語）	欲求、満足
	すき（suki）	好き
220	シュート（shut）	航行する、舟に乗る、舟をこぐ
	そうてい（sotei）	漕艇（舟をこぐこと）
221	シマー（sima）	置くこと、しまうこと
	しまう（shimau）	しまう
222	シラ（sira アラム語）	囲まれた地、刑務所
	しろ（shiro）	城
223	シサー（sisa）	喜び、うれしさ
	ちそう（chiso）	馳走（「ご馳走」、もてなし）
224	シユマー（siyuma アラム語）	終わり、結論、終了
	しまい（shimai）	終い（おしまい、終わり）

グループ4（a）　Hが母音に、KHがKに変化しているもの

このグループのものは、これまでのグループの音韻変化以外にも、ヘブル語の「H」音

（ハー、アーで母音に近い）が日本語で母音に変化していたり、また「KH」音［＊喉《のど》の奥で発音する］が「K」音に変化していたりする。

225	アカム(akham アラム語)	日焼けする
	あかみ（akami）	赤み
226	アコリ(akhori アラム語)	もう一つの、他の
	あくる（akuru-）	「明くる日」等の「あくる」（次の、翌）
227	ベキヤ（bekhiya）	文字通りには「涙を流す」だが、聖書ではホームシック、望郷、郷愁の意味にも使われる。「バビロンの流れのほとりに座り シオンを思って、わたしたちは泣いた」（詩編一三七編一節）の「泣いた」（ベキヤ）は、ホームシックの意味である。
	ぼうきょう（bokyo）	望郷（故郷をなつかしむこと）
228	ハブラ(habura シリア語)	煙、発煙
	いぶる（iburu）	燻る（よく燃えないで煙が出る）
229	ハーザラ（hahzara）	返すこと、返却
	ゆずる（yuzuru）	譲る（自分は辞退して他に与える）
230	ハーザラ（hahzara）	反映（鏡に映る姿）
	えいずる（eizuru）	映ずる（うつる、反射する）
231	ハラク（halakh）	歩く、行く、出発する

232	あるく（aruku）	歩く
	ハーク（halakh）	行く、出発する
233	ゆく（yuku）	行く
	ハーク（halakh）	出発する（しばしば「逝去《せいきょ》」の意味でも使う）
	ゆく（yuku）	逝く（世を去る）
234	ヒウク（hilukh）	「ハラク」（231番）と同じ語根で、「歩行」の意。
	ほこう（hoko）	歩行
235	ハオム（halom）	夢、幻
	ゆめ（yume）	夢
236	ハトゥラカ（hatrakha）	働かせる、仕事を与える
	はたらく（hataraku）	働く
237	ハヴァル（haval）	悲しみの叫び、嘆き
	あわれ（aware）	哀れ
238	ホラ（hora　アラム語）	穴、腔、洞《ほら》
	ほら（hora）	洞［＊中が空の穴。「洞穴」等。さらに、「虚《うろ》」（中が空になっているところ。「うろ覚え」等）も類似語］
239	ホレー（horei　アラム語）	裏に、うしろに、後に
	うら（ura）	裏［＊古代イスラエル人は東側を「表」、西側を「裏」と表現した。日本人はこの表現を今も用い、日本海側を「裏日

本」と言っている。１２４番も参照〕

240	フーシュ（hush アラム語）	痛みを感じる、苦しむ
	あいしゅう（aishu）	哀愁
241	フト（hut）	糸、編み糸
	いと（ito）	糸
242	カカ（kakha）	このように、斯《か》く
	かく（kaku）	斯く（「斯くのごとく」、このように）
243	クク（kukh）	穴、腔、坑
	こうこう（koko）	鉱坑（鉱石を掘るための穴）
244	エカ（lekha）	湿気、分泌液
	えき（eki）	液
245	シャアク（shalakh）	送る、進める
	しゅっか（shukka）	出荷
246	シェカー（shekhar）	酒
	さけ（sake）	酒
247	ユクア（yukhla）	力、能力
	いこう（iko）	威光

グループ4（b）　H、KHが、K、CH、SHに変化しているもの

このグループでは、ヘブル語の「H」「KH」が、日本語で「K」「CH」または「SH」に入れ替わっている［＊とくに「H」と、「K」「KH」は互いに発音的に近く、入れ替わることがよくあることが言語学的にも知られている。つまり「ハ」が「か」になる］。

248	アコル（akhor）	うしろ、背後
	うしろ（ushiro）	後ろ（KH↓SHへの変化）
249	ハブラ（habura）	傷、傷跡
	かぶれ（kabure）	かぶれ（皮膚の発疹。H↓Kへの変化）
250	ハブラ（habura　シリア語）	煙、発煙
	けぶり（keburi）	「けむり」（煙）のこと（228番も参照）
251	ハーカク（hakak）	彫る、彫刻する
	ちょうこく（chokoku）	彫刻
252	ハカク（hakakh）	こする、掻《か》く
	かく（kaku）	掻く（爪、指先などでこする）
253	ハーカー（hakal　アラム語）	農地、土地

	こうか（koka）	耕稼（農事、農作の意）
254	ハクハシャ（hakh'hasha）	否定、矛盾
	うちけし（uchikeshi）	打ち消し
255	ハラー（halal）	空っぽの場所、実質のない所
	から（kara）	空（空虚）
256	ハーシン（halshin）	中傷する、悪口を言う。裏切るの意味でも使う。
	かしん（kashin）	禍心（たくらみある心）
257	ハマー（hamal）	同情する
	かまう（kamau）	構う（関係する、気にする、待遇する、同情する）
258	ハラー（harar）	黒くなる
	くろい（kuroi）	黒い
259	ハーサク(hasakh シリア語)	抑える、とどめる
	こうそく（kosoku）	拘束
260	ハーセー(hase シリア語)	正しい、清い、聖なる
	こうせい（kosei）	公正（261番も参照）
261	ハーセー(hase シリア語)	尊敬すべき、聖人のような
	こせい（kosei）	古聖（古代の聖人。260番も参照）
262	ハヤ（haya）	病気から回復する、治癒
	ちゆ（chiyu）	治癒

263	ハザカ（hazaka）	イスラエルの古いならわしで、ある人が実際に何年もある物を使用しているとき、所有権をその人に与える、というものだった。
	こぞく（kozoku）	古俗（昔のならわし）
264	ヘイア（heila）	谷、峡谷
	きょう（kyo）	峡
265	ヘヴェル（hevel）	出産の痛み、陣痛
	かぶる（kaburu）	囓る（腹痛を起こすの意）
266	ヒブル（hibur）	結びつき、接合、つなぎ目
	しばる（shibaru）	縛る
267	ヒムツ（himuts）	発酵
	かもす（kamosu）	醸す（発酵等を通して作り出す）
268	ヌァク（nuakh　シリア語）	文字通りには「休みにある」だが、「故人」を意味してもよく使われる。
	なき（naki）	亡き（「亡き人」等）
269	シャハー（shahar）	夜明け
	しょこう（shoko）	曙光、初光（夜明けの光）

グループ5　Rが省かれたり母音に変化しているもの

グループ2で、ヘブル語の「L」音が日本語で「R」音等に変化していることを述べたが、このグループでは、ヘブル語の「R」音が日本語では省かれていたり、あるいは母音に変わってしまっている例を紹介する［＊R音は、単語の中の位置によっては弱く聞こえるため、省かれたり、母音に変わってしまう］。

270	バーアー（ba’ar）	焼く
	ぼや（boya）	小火
271	ハーヴェー（haver）	友
	ほうばい（hobai）	朋輩
272	ホエシュ（horesh）	小さな森、やぶ
	はやし（hayashi）	林
273	カビー（kabir）	偉大な、素晴らしい、壮大な
	かび（kabi）	華美
274	カラ（kara）	文字通りには「引き裂く」だが、ヘブルの伝統では、この言葉は紅海渡渉の奇跡の驚異に関連して使われる。すなわ

ち、古代イスラエル民族が出エジプト後、紅海のところへ来ると、紅海の水は引き裂かれ、真っ二つに分かれて両側に壁となり、そこに出来た海底の乾いた道をイスラエル民族は歩いていったのである（出エジプト記一四章二一節）。

	きょうい（kyoi）	驚異
275	カーカ（karka）	土地、地面、地所
	こく（-koku）	国（276、277番も参照）
276	カーカ（karka）	土地、地面、地所
	こうく（koku）	鉱区（275、277番も参照）
277	カーカ（karka）	土地、地面、地所
	こっか（kokka）	国家（275、276番も参照）
278	カーヤ（karya　アラム語）	事故、不運
	きょう（kyo）	凶
279	ケーア（kera　アラム語）	宴会
	きょう（kyo）	饗（酒食を設けてもてなすこと）
280	キァヤ（kirya）	大都市、町
	きょう（kyo）	京（首府の意）
281	ナガー（nagar　シリア語）	長い
	ながい（nagai）	長い

282	(ラ)アー(ra'a) あう(au)	会う、出会う(284番も参照) 会う
283	(ラ)アマ(rama) やま(yama)	高地、山地 山
284	(ラ)アウィ(raui) あう(au)	「ラア」(282番)と同じ語根で、「合う」「ふさわしい」「ぴったりする」の意味。 合う
285	(レ)エゲー(regel) ゆぎょう(yugyo)	巡礼(祭を祝いにエルサレム神殿に行くこと) 遊行(宗教者が諸国を巡り歩くこと)
286	(レ)エナ(rena シリア語) よねん(yonen)	瞑想《めいそう》する、熟考する、意図する 余念(他の考え)
287	(レ)エーシャ(resha アラム語) ゆうしゅう(yushu)	頭、長、優秀 優秀
288	(ロ)オーシ(roshi) ようし(yoshi)	おもな、最も大切な、要旨 要旨
289	セーデー(seder) せいど(seido)	秩序、配置、管理、システム、制度 制度
290	トーラー(tora) とうや(toya)	教え、法、(学習の)訓練 陶冶(人材を訓練し育成すること)

グループ6　GがK、J、Hに変化したもの

このグループのものは、ヘブル語の「G」が日本語で「K」「J」または「H」に変わってしまっているものである［＊これらは発音的に近いため、入れ替わりやすい］。グループ5までの音韻変化も合わせて含んでいるものもある。

291 ガーシュ（ga'ash）
じしん（jishin）
震える、かき立てる
地震

292 ガダー（gadal）
かど（kado）
大きくする、増やす、越える
過度（293、294、295番も参照）

293 ガダー（gadal）
こだい（kodai）
大きくする、増やす、越える
誇大（「誇大広告」等。292、294、295番も参照）

294 ガドー（gadol）
こうだい（kodai）
「ガダー」と同じ語根で、「大きい」「巨大な」「偉大な」の意。
広大（292、293、295番も参照）

295 ガドー（gadol）
「ガダー」と同じ語根で、「大きい」「巨大な」「偉大な」の意。

たとえば聖書は、ソロモン王の偉大さを述べるときも「ガドー」を使っている（列王記上一〇章二三節）。

こうだい（kodai）　高大（高く大きいこと。２９２、２９３、２９４番も参照）

296 ガルゲル（galgel）　回る、転がる、宙返りする

ころがる（korogaru）　転がる

297 ガリ（galil）　イスラエルの一地区名。イスラエルの十部族のふるさとの一つ（「ガリの地」はガリラヤのこと——列王記上九章一一節）。

こり（kori）　古里（ふるさと）

298 ガリャ（galya　シリア語）　捕虜

ほりょ（horyo）　捕虜

299 ガマル（gamar）　決心する、落ち着く、決める

きまる（kimaru）　決まる

300 ガーン（gan）　庭

こうえん（koen）　公園

301 ガラス（garas）　粉々にする

はさい（hasai）　破砕

302 ガヤファ（gayafa）　姦夫

じょうふ（joofu）　情夫、情婦

303 ガザ（gaza）　風によってもたらされる

かぜ（kaze）　風

304
ガザム（gazam）　切る、刻む（305、306番も参照）
きざむ（kizamu）　刻む

305
ガザム（gazam）　切る、刻む、ハサミで切る（304、306番も参照）
はさむ（hasamu）　挟む

306
ガザム（gazam）　切る、刻む、ハサミで切る（304、305番も参照）
はさみ（hasami）　鋏（ハサミ）

307
ガザル（gazar）　切る、分ける
けずる（kezuru）　削る

308
ゲシェ（gesher）　橋
はし（hashi）　橋

309
ギハ（giha アラム語）　炎、灯火
ひ（hi）　火

310
グリ（glid）　氷
ひょう（hyo）　雹

311
グリマ（glima）　コート、クローク、上着
ころも（koromo）　衣

312
ゴメ（gome）　パピルス（古代紙の材料）
かみ（kami）　紙

313	グル（gul アラム語）	巻き上げる
	くる（kuru）	「くるくる（巻く）」の「くる」。
314	グシャ（gusha アラム語）	地面、土
	じしょ（jisho）	地所
315	マゲル（mager）	負かす、壊す、打ち倒す
	まける（makeru）	負ける
316	メギラ（megila）	巻き物、本
	まき（maki）	巻き（「虎の巻」等）
317	ネガル（negal シリア語）	逃げる、走り去る
	ぬける（nukeru）	抜ける、脱ける（逃げるの意）
318	レーゲル（regel）	巡礼（祭を祝いにエルサレム神殿に行くこと）
	れいじょう（reijo）	霊場（巡礼の目的地。285番も参照）

グループ7　B、VがMに変化したもの

このグループは、ヘブル語の「B」「V」が、日本語では「M」になっているものである［＊これらは発音的に近いため、入れ替わりやすい］。また今まで述べてきた音韻変化も合わせて持つこともある。

319	アヴァ（ava シリア語）	厚い、重い
	おもい（omoi）	重い
320	バーシュ（ba'ash）	悪い臭《にお》いを発する、悪いことをする
	ましょう（masho）	魔性
321	ブシュア(bushla シリア語)	ゆでた食べ物
	めし（meshi）	飯
322	エヴェ（evel）	喪に服すること
	いみ（imi）	忌み（喪にこもっている期間、喪）
323	ガーヴァン（ga'avan）	傲慢《ごうまん》な、高慢な（324番も参照）
	ごうまん（goman）	傲慢
324	ガーヴァン（ga'avan）	傲慢な、高慢な（323番も参照）
	こうまん（koman）	高慢
325	ハヴァル（havar）	はめる、つなぐ
	はまる（hamaru）	はまる（ぴったり入る）
326	ハブラ(habura シリア語)	煙、蒸気（228番も参照）
	けむり（kemuri）	煙
327	カベド（kabed）	掃除する、きれいにする
	くまで（kumade）	熊手（掃除に使う）
328	カーベル（kabel）	受ける（161番も参照）

こうむる（komuru）　被る、蒙る（受けるの意）

329 カヴァル（kaval）　困る、不平を言う

こまる（komaru）　困る

330 レヴィ（levi）　古代イスラエルのレビ族（祭司《さいし》の部族で、けがれを特に遠ざけた）

いみ（imi）　忌み（けがれを避けて慎むこと。322番も参照）

331 サヴァル（savar）　考える、想像する、希望する

つもり（tsumori）　「〜するつもり」というときの「つもり」（考え）。

332 シェヴ（shev）　「ヤシャヴ」（すわった）から来た言葉で「すわる」「居住する」「住む」の意。

すむ（sumu）　住む

333 シェヴァー（shever）　食糧、食糧供給

せまい（semai）　施米（施しの米）。［＊平安時代、京都の山寺に住む貧窮・孤独の僧に勅命《ちょくめい》によって米を施したこと］

334 タヴァ（tava アラム語）　良い、尊い（335番も参照）

たま（tama）　玉（尊い、素晴らしいの意味で「玉の顔」「玉砕」などと使う）

335 タヴァ（tava アラム語）　良い、尊い（334番も参照）

ため（tame）　「〜の為」の「ため」（良い、役にたつ）。

336 タヴァー（taval）　薬味や調味料を添える

337 つま（tsuma）　つま（刺身や酢の物にあしらいとして添えるもの）
ツァヴァル（tsavar）　積もる、集まる
つもる（tsumoru）　積もる

グループ8　PがF、Hに変化したもの

このグループのものは、これまで述べてきた音韻変化に加え、ヘブル語の「P」が日本語で「F」または「H」に変化している［＊発音的に近いため、方言的に変化しやすい］。

338 パーム（pa'am）　踏む
ふむ（fumu）　踏む
339 パガー（paga）　偶然会う
ふごう（fugo）　符合（ぴったり合うこと）
340 パガ（paga）　未発達の、未熟の（果物や児童）
ふぐ（fugu）　不具（備わっていないこと）
341 パカー（pakar）　自由な、放胆な
ふき（fuki）　不軌（規則を守らないこと）
342 パカ（pakha）　にじみ出る、吹き出す

	ふく(fuku)	吹く
343	パリヤ(palya アラム語)	古い
	ふるい(furui)	古い
344	パラー(para)	支払う、払う、負債を返す
	はらう(harau)	払う
345	パラー(parah)	芽吹く、花咲く、成功的な、繁栄的な
	ふるう(furuu)	振るう(盛んなこと)
346	パラー(parah)	文字通りには「舞い上がる」の意味だが、浮浪、放浪を意味しても使われる。
	ふろう(furo)	浮浪
347	パラツ(parats)	破裂する、突破する
	はれつ(haretsu)	破裂
348	パシャー(pashal アラム語)	ねじれる、結び目を作る
	ふし(fushi)	節
349	パショシャ(pashosha アラム語)	イスラエルにいる小さな鳴き鳥の名(渡り鳥でない)。
	ふうちょう(fucho)	風鳥(別名・極楽鳥)
350	パスー(pasul)	合わない、不能の
	ふさい(fusai)	不才(才能がないこと)
351	パッテル(pater)	離婚する、解散する、義務を解かれる

	ふっつり（futtsuri）	「ふっつり」（断ち切ること、きっぱりやめてしまうさま）
352	ペガー（pega）	事故、不運
	ふぐう（fugu）	不遇（運が悪いこと）
353	ペヒー（pehi アラム語）	絶望、失望
	ふへい（fuhei）	不平（３５４番も参照）
354	ペヒー（pehi アラム語）	絶望、失望
	ふきょう（fukyo）	不興（おもしろくないこと。「不興を買う」等。３５３番も参照）。
355	ペタ（peta）	突然
	ふと（futo）	「ふとしたことで」などというときの「ふと」（不意に、突然）。
356	プァハ（puah アラム語）	吹く、魂が去る（死ぬ）
	ふき（fuki）	不帰（死ぬ。「不帰の客となる」等）。［＊P↓F、H↓Kへの変化］
357	プァハ（puah アラム語）	意気消沈する
	ふこう（fuko）	不幸
358	プーハ（puha アラム語）	息、風（３５９番も参照）
	ふうは（fuha）	風波（風と波）
359	プーハ（puha アラム語）	息、風（３５８番も参照）
	ふく（fuku）	吹く

グループ9（a）　語頭のＬｅが、語尾のＲｕに変化したもの

ヘブル語の接頭辞「Ｌｅ」（レまたはル）は、「～へ」（～の方向、場所、状態へ）を意味し、不定詞を作る際に語頭につけられる。つまり「Ｌｅ」は動詞化する言葉である。

一方、日本語では、たとえば「遅れ」（名詞）↓「遅れる」（動詞）というように、名詞や語幹の後に「Ｒｕ」（「～る」）をつけると、動詞になるものが多い。つまり「～る」がつくと動詞化されるのである。

こうした例をこのグループで紹介する（ヘブル語の「Ｌｅ」に関し、「Ｌａ」「Ｌｉ」も同類とみなす。日本語の動詞形「～る」は、国語辞典に載る形なので辞書形ともいう）。

360	ル・アケル（le-akher）	遅れる
		（順序が入れ替わる　以下同様）
	おくれ・る（okure-ru）	遅れる
361	ル・アセム（le-asem）	収穫を蓄える、収める
	おさめ・る（osame-ru）	収める
362	ラ・ドム（la-dom）	ダマム（静かな）から来た語で、「だまる」を意味する。
		３８１番も参照。

	だま・る（dama-ru）	黙る
363	ル・ハズィク（le-hahzik）	保管する、保つ、信頼を保つ
	あずけ・る（azuke-ru）	預ける（人に頼んで保管・監督をしてもらう）
364	ル・ハシュイム(le-hashlim)	シャローム（平安）と同じ語根から来ており、「平和を作る」の意。
	おさま・る（osama-ru）	治まる（平和になる。365、366番も参照）
365	ル・ハシュイム(le-hashlim)	語根シャラム（終わる）から来ており、「終わらせる」の意。
	おさま・る（osama-ru）	収まる（終わるの意。「事件がおさまる」等。364、366番も参照）
366	ル・ハシュイム(le-hashlim)	無関心な、無感動の
	おさま・る（osama-ru）	治まる（穏やかになる。「心がおさまる」。364、365番も参照）
367	ラ・フシュ（la-hush）	急ぐ
	はし・る（hashi-ru）	走る
368	ル・コメム（le-komem）	建てる、構える、設ける、再建する
	かまえ・る（kamae-ru）	構える（設けるの意）
369	リ・クレ（li-kroa）	カラ（切り開く　49番）から来ており、「裂く」「切り離す」「取り去る」の意。
	きれ・る（kire-ru）	切れる（「ひもが切れる」等、切り離されるの意）

370
ル・マレル（le-marer）　嘆く、にがい思いをする
もまれ・る（momare-ru）　揉まれる（「いざこざに揉まれる」等）

371
ラ・ヌム（la-num）　まどろむ、居眠りをする
ねむ・る（nemu-ru）　眠る

372
ル・ハシュイム（le-hashlim）　語根シャラム（終わる。365番も参照）から来ており、「払う」を意味する。
おさめ・る（osama-ru）　納める（払うの意。「会費を納める」等）

373
ル・シャソ（le-shasot）　語根シャセ（そそのかす　102番）から来ており、「そそのかす」「（気持ちを）起こさせる」「そそる」の意。
そそ・る（soso-ru）　そそる［＊（気持ちを）起こさせるの意］

374
リ・シェヴ（li-shev）　語根ヤシャヴ（すわった。332番も参照）から来た「リ・シェヴ」は、ラ・シェヴェ（la-shevet）の変化の一つで、「すわる」の意。
すわ・る（suwa-ru）　座る

375
ル・タベル（le-taber アラム語）　壊れる、潰れる
つぶれ・る（tsubure-ru）　潰れる（押されて壊れる）

グループ9（b）　特殊な音韻変化、最初または最後の音の省略

このグループでは、ヘブル語の特殊な音韻変化によって生じた日本語を扱っている。ヘブル語の最初、または最後の音が省略されて日本語になったものもある。

376	（ア）カー（akhal）	食べる、消費する
	くう（kuu）	食う［＊ヘブル語の最初の音「ア」の省略］
377	（ア）ケール（akhel）	他の、違った、代わりの
	かえる（kaeru）	変える［＊ヘブル語の最初の音「ア」の省略］
378	（ア）コール（akhor）	うしろ、うしろへ
	かえる（kaeru）	帰る［＊ヘブル語の最初の音「ア」の省略］
379	（ア）ルテー（artel アラム語）	裸にする、裸になる
	らたい（ratai）	裸体［＊ヘブル語の最初の音「ア」の省略］
380	ベイツァ（beitsa）	卵
	いびつ（ibitsu）	歪（古くは卵や小判のような長円形を意味した）
381	ドム（dom）	語根ダマム（静かな　362番）から来た「ドム」は、「立ち止まる」の意。またその派生語「イドム」は「立ち止まった」の意。

よどむ（yodomu）　淀む（水の流れがとどこおること）
382 ドゥル（dur アラム語）　小屋に住む、滞在する、宿る。また派生語「ヤドゥル」は
「住むであろう」の意。

やどる（yadoru）　宿る
383 エーツェ（etsev）　悲しみ、嘆き、鬱《うつ》。また派生語「ヤアツォ」（ya'atsov）は
「悲しむであろう」の意。

ゆううつ（yuutsu）　憂鬱（384番も参照）
384 エーツェ（etsev）　悲しみ、嘆き、鬱

うつ（utsu）　鬱（383番も参照）
385 エヴラ（evra）　怒り、激怒

あばれ（abare）　暴れ（あばれること）
386 ハブラ（habura）　皮膚のはれ、傷、かぶれ、発疹《ほっしん》

かぶれ（kabure）　かぶれ（皮膚の発疹）
387 ハーサー（hasa）　語根はナーサー（旅をする、動く）で、「運送する」「搬送する」「輸送する」。

はんそう（hanso）　搬送（送り出すこと。388、389番も参照）
388 ハーサー（hasa）　語根はナーサー（387番）で、「運送する」「輸送する」。

うんそう（unso）　運送（387、389番も参照）
389 ハーサー（hasa'a）　語根はナーサー（387番）で、「輸送する」。また派生

語「ヤーサー」は「輸送した」の意。

ゆそう（yusoo）　輸送（387、388番も参照）

390 ハシャー（hashak）　欲する、欲しい

ほしい（hoshii）　欲しい［＊ホシクなる］

391 ハシュアラ（hash'ara）　ヘブル語にはないが、「シウル」（学習）から来た言葉で、ヘブル語文法にはかなっており、「学習させる」を意味する。

おしえる（oshieru）　教える

392 ハーシェヴ（hashev）　応答する、応酬する

おうしゅう（oshuu）　応酬

393 ハシュケ（hashke）　人に飲ませる

しゃく（shaku）　酌（酒を杯にくむこと。「お酌をする」等）

394 ハド（hadt）　雑音

おと（oto）　音

395 ヒッカケル（hikaker）　ヘブル語にはないが、アラム語「コカラ」（罠　62番）から来た言葉で、ヘブル語文法にはかなっており、「罠にかかる」「計略にひっかかる」の意。

ひっかける（hikkakeru）　引っかける（計略にかける。「客をひっかけて、安物を高く買わせる」等）

396 ホー（hok）　法、律法、慣習

397	ほう（ho）	法
	ホラー（hora'a）	教えや指示を与えること。その派生語「ヨレ」（yore）は「教えを与えるであろう」の意。
	やる（yaru）	（「指示をやる」等というときの）やる（与えるの意。398番も参照）
398	ホラー（hora'a）	教え、指示
	ならう（narau）	習う（397番も参照）
399	カフー（kafuf）	下位の、従属の、下風の
	かふう（kafuu）	下風（人の下位の意）
400	カラ（karav）	近づく、近くに来る
	くる（kuru）	来る
401	カテ（katef）	肩
	かた（kata）	肩
402	カツァ（katsav アラム語）	決心する、決定する
	けつ（ketsu）	決（「決をとる」「勝敗の決」等）
403	カヨム（kayom）	この日、今日、このとき
	きょう（kyoo）	今日
404	ケェ（ke'ev）	苦痛、苦悩
	く（ku）	苦

405　マークート（malkhuto）　文字通りには「彼の王国」の意で、王たちの称号としても用いることができる。
みこと（mikoto）　尊、命（神々や、天皇、貴人は「ミコト」と呼ばれた）

406　メイァ（meir）　輝かしい、まばゆい、明るい
めい（mei）　明（「先見の明」「明を失う」等）

407　ミーサー（misa）　「死」を意味するミタの方言的発音。
まいそう（maiso）　埋葬

408　ナギ（nagid）　古代イスラエル神殿の職員をさす言葉。
ねぎ（negi）　禰宜［＊神社の（下級）神官］

409　ナサ（nasa）　運ぶ。派生語「ノセ」は「運んでいる」の意。
のせる（noseru）　載せる

410　ナムイ（namui）　語根はヌム（371番）で、「眠い」の意。ヘブル語にはない言葉だが、ヘブル語文法には完璧に従っている。
ねむい（nemui）　眠い

411　サギー（sagi　アラム語）　偉大な、大きな、数多い
すぎる（sugiru）　過ぎる（412番も参照）

412　スゲイ（sugei　アラム語）　通り過ぎる、歩く
すぎる（sugiru）　過ぎる（通り過ぎるの意。「トンネルを過ぎて……」等）

413　シャア（sha'af）　吸う

すう（suu）　吸う

414　シャヴァ（shavua）　一週間、週
しゅう（shuu）　週

415　シャヴイ（shavui）　捕虜、囚人
しゅう（shuu）　囚

416　シェナ（shena）　眠り
しん（shin）　寝（寝床、眠りの意。「寝につく」等）

417　シァ（shir）　歌、詩［＊アクセントは「シ」にある］
し（shi）　詩

418　ショムロン（shomron）　サマリア（イスラエルの失われた十部族の故郷。北王国イスラエルの首都）
すめら（sumera）　スメラ［＊天皇のことを「スメラ・ミコト」と言う。ミコトが「彼の王国」の意だとすると（405番）、スメラ・ミコトは「サマリアの王」の意になる］

419　ソフ（sof）　終わり、終了、終末、末
すえ（sue）　末（終わりの意。81、420番も参照）

420　ソフ（sof）　「終末が来るとき……」などの句で使われるとき、「未来」を意味する。
すえ（sue）　末（未来の意味でも使われる。「行く末に」等）

421	ウム（um アラム語）	母
	うむ（umu）	生む、産む（母になる）
422	ヤカド（yakad）	焼く、火にかける
	やけど（yakedo）	火傷（423番も参照）
423	ヤカ（ド）（yakad）	焼く、火にかける（dは弱音）
	やく（yaku）	焼く（422番も参照）

グループ10　ヘブル語二語で日本語の単語等になったもの

このグループでは、ヘブル語が二語合わさって日本語の単語になったものや、表現を扱う。幾つかの例では、ヘブル語の「アセ」（「〜する」の意で、動詞化の接尾辞）が、日本語の動詞語尾の「〜す」になっている（「じらす」「滅ぼす」などの語尾の「す」）。なお、ヘブル語において「アセ」は、アス、オス、セイなどに変化している場合もある。

このグループに掲げた表現は、「ヘブル語」としては実際には用いられていないものも多い。だが、これらはヘブル語がもとになって出来たものであり、日本において独立した発展を遂げたと考えられる。

424 アカー・クラヴ(akhal krav) アカーは「食べる」(376番)、クラヴは「戦い」の意。

425 くい・くらべ(kui-kurabe) 食い比べ(食のコンテスト)

426 アー・ノテー(al note) アルは「〜でない」(否定)、ノテは「外れる」で、「外れないこと」。

あんてい(antei) 安定(外れないこと)

427 アリー・ヤム(alil yam) アリーは「入り口」(139番)、ヤムは「海」(130番)で、「海の入り口」。

いりうみ(iriumi) 入り海(湾のこと)

428 アラ・アセ(ara ase) 言い争う(アラは「議論」、アセは「する」)

あらそい(arasoi) 争い(言い争い)

429 アセー・シェケ(ase sheket) 実際に今もヘブル語表現として用いられており、「静粛にする」の意(アセは「静か」、シェケも「静か」)。

せいしゅく(seishuku) 静粛(「粛」は慎んだ状態、おごそかなこと)

430 アツ・ラツ(ats-rats) アツ(急ぐ)+ラツ(走る)で、人や子どもが「はつらつ」として動き回ること。

はつらつ(hatsuratsu) 溌剌(元気なこと)

ブオ・ケーシェー(blo kesher) 実際にヘブル語表現として使われていて、「没交渉」の意[*ブオ(ない)、ケーシェー(つながり、かかわり、交渉)。194番も参照]。

431 ぼっこうしょう(bokkoshoo)
ボ・ハイ（bo hail）
没交渉（かかわりのないこと）
ボ（来る、入る）＋ハイ（軍。152番も参照）で、「軍に入る」。

432 ぼへい（bohei）
ガレ・ァセ（gare ase）
募兵（兵を募ること）
ガレ（いらだち）＋アセ（を起こす）で、「いらだたせる」「じらす」。

433 じらす（jirasu）
ハダ・ミショ(hada mish'ol)
じらす（g→jの変化）
ハダ（一つの、片方の）＋ミショ（道）で、「片道」。

434 かたみち（katamichi）
ハダ・ムク(hada mukh)
片道
ハダ（片方）＋ムク（低い）で、「片方が低い」「傾く」。

435 かたむく（katamuku）
ハダ・ヤラ(hada yarad)
傾く
ハダ（片方）＋ヤラド（下がる）で、「片方が下がる」「片寄る」。

436 かたよる（katayoru）
ハーカ・セデー(haluka seder)
片寄る
逆の「セデー・ハーカ」は、「配給制」を意味してよく使われるヘブル語表現［＊ハーカ（配給）＋セデー（制度　289番）］。

437 はいきゅう・せいど(haikyu-seido)
ハラヴ・ァセ（harav ase）
配給制度
ハラヴ（滅びる　29番）＋アセ（〜にする）で、「滅ぼす」。

438 ほろぼす（horobosu）
ハヴァト・ハケ(havat hake)
滅ぼす
ハヴァト（打つ）＋ハケ（たたく）で、「はたく」。

はばたく（habataku）　羽ばたく

439 ヘシェ・ガレ（heshek gare）　ヘシェ（欲求　３９０番）＋ガレ（じらす、呼び起こす）で、「欲しがる」。

ほしがる（hoshigaru）　欲しがる

440 ヘゼカーシェム（hezek hashem）　文字通りには「名を傷つける」で、「辱める」の意［＊ヘゼク（傷つける）＋ハシェム（その名）］。

はずかしめ（hazukashime）　辱め

441 ホー・ァセ（hok ase）　ホー（法　３９６番）＋アセ（～にする）で、「法律を作る」。

ほうせい（hosei）　法制

442 イ・ホキ（i hoki）　イ（ない）＋ホキ（法的）で、「違法」。

いほう（iho）　違法（39、３９６番も参照）

443 イ・ホキ・ァセ（i hoki ase）　イ（ない）＋ホキ（法的）＋アセ（～にする）で、「違法なものにする」の意。

いほうせい（ihosei）　違法性（39、３９６番も参照）

444 イシャ・ツァヘク（isha tsahek）　イシャ（女）＋ツァヘク（遊ぶ）で、「女性といちゃつく」。

いちゃつく（ichatsuku）　いちゃつく（男女が甘ったるくふざけ合うこと）

445 カヘー・ハイ（kahel hail）　カヘー（集める　１６３番）＋ハイ（兵　１４８番）で、「徴兵」。

かいへい（kaihei）　皆兵（「国民皆兵」で徴兵する）

446 カー・ハイ（kal hail）
かへい（kahei）
カル（軽い、少ない）＋ハイ（兵　148番）で、「少数の兵」。
寡兵（少数の兵のこと）

447 カラ・ァセ（kala ase）
からす（karasu）
カラ（終わり　165番）＋アセ（～にする）で、「終わりにする」。
枯らす（「木を枯らす」等）

448 カマ・アラ（kama alal）
かまいれ（kamaire）
カマ（穀物　47番）＋アラ（アラム語　収穫を集める　136番）で、「穀物を収穫する」。
鎌入れ［＊この漢字が当てはめられているが、もともとは「穀物を収穫する」（カマ・アラ）から来た？］

449 カル・アセ（kar ase）
からす（karasu）
カル（風邪。コルと同じ語根。64番）＋アセ（～にする）で、「風邪をひく」
（声を）嗄らす（52番の「かれる」も参照）

450 ケタ・シャラ（keta shalakh）
かたしろ（katashiro）
ケタ（切った）＋シャラ（投げる、転嫁する）で、「切ったものに転嫁する」［＊または、ケタ（切った）＋シロ（siro 彼の乗り物）で、「切った乗り物」］。
形代［＊人の形などに切った紙で、それに罪けがれを転嫁し、罪けがれを乗せて、川や海に流す。神道の清めの儀式で、人の形のものは「ひとがた」（人形）とも言う。流しびなも同じ思想。ユダヤ人にも同様の風習があり、ポケットの中から「罪」を取り出して海に投げ入れる儀式を行なう。これはタシュリックと言い、シャラ（シャラク）と同じ語根から来ている。日本の儀式は大祓《おおはらい》と呼ばれ、六月と一二月の末に行なわれているが、タシュリックはユダヤ暦七月一日に行なう」

451 キ・イワセル（ki iwaseru）
実際にヘブル語表現で使われており、キ（～の時）＋イワセル（告知するであろう）で、（待っているときに大切なことが起こると）「告げられる時」のこと。

きあわせる（ki-awaseru）
来合わせる［＊たまたま来ること。また「イワセル」（告知するであろう）と「言わせる」も類似している］

452 キナ・シマ（kina shima）
キナ（悲しむこと。63番のコネンの関連語）＋シマ（聞こえさせる）で、「悲しみを聞こえさせる」。

かなしむ（kanashimu）
悲しむ

453 カー・ゴメ（kla gome）
「ゴメ」（葦《あし》、紙草、パピルス　312番）を「カー」（編む）したもの。

かごめ（kagome）
カゴメ（籠目）

454 コー・コレー（kol kore）
コー（声　174番）＋クレ（呼ぶこと）で、「呼ぶ声」。

こくれい（kokurei）
国令

455 コール・ァセ（kor ase）
コル（寒い。52、64、65、449番も参照）＋アセ（～にする）で、「寒くする」「凍らす」

こおらす（korasu）　凍らす
456 クア・ハイ（kura hail）　クア（呼ぶこと）＋ハイ（兵。１４８、４３１、４４６番も参照）で、「挙兵」。

きょへい（kyohei）　挙兵（兵をあげ、武力行動を起こすこと）
457 （レ）エイ・バー（leil ba）　レイル（夜　ライルと同じ語根）＋バー（来る　４３１番のボと同じ）で、「夜に来る」「夜這《よば》い」。

よばい（yobai）　夜這い（夜、恋人のもとへ忍んで行くこと）
458 マガル・ァセ（ma'agal ase）　マガル（曲がること、円）＋アセ（～にする）で、「円にする」「巡らす」。

めぐらす（megurasu）　巡らす（円状に動かすこと、とり囲むこと）
459 マガル・ァセ（ma'agal ase）　「円にする」の意だが、「コースを外れる」「回避する」の意味もある。

まぎらす（magirasu）　紛らす（紛らわす、気分転換して悪い結果を回避する「映画でも見て不愉快な気分を紛らす」等）
460 マバ・タカ（mabat taka）　逆の「タカ・マバ」は今もヘブル語で使われており、「ちらっと見る」「一目見る」の意［＊マバ（一目、一瞥《いちべつ》）＋タカ（挿入する）］。

まばたき（mabataki）　瞬き（まぶたを瞬間的に閉じたり開けたりすること、ウイ

ンク）

461 マカ・ァセ（maka ase）
マカ（打つ、負かす。26番のハケと同じ語根）＋アセ（〜にする）で、「打ち負かす」「負かす」。

まかす（makasu）
負かす

462 マーエ・シャク（mar'e shakuf）
マーエ（見ること）＋シャク（透明な）で、「透視すること」「見え透く」。

みえすく（miesuku）
見え透く（底までとおって見える。「見え透いたウソ」等）

463 マイ・ガラ（mai galal）
マイ（水）＋ガラ（転がり込む）で、「水の中に入る」「もぐる」。

もぐる（moguru）
潜る

464 メウ・イシ（meule ish）
逆の「イシ・メウル」はよく使われるヘブル語表現で、「名士」の意［＊メウル（傑出した）＋イシ（人）］。

めいし（meishi）
名士（傑出した人）

465 ミ・ガドー（mi gadol）
ミ（〜の者）＋ガドー（偉大な。２９３、２９４、２９５番も参照）で、「偉大な者」。

みかど（mikado）
帝、御門（天皇の別称）

466 ミーサー・クタヴァ（misa ktava）
ミサ（死を意味するアラム語「ミタ」の方言　４０７番）＋クタヴァ（書き物、書いた言葉）で、「死に際した書き物」。

まいそう・ことば（maiso kotoba）
埋葬言葉（埋葬の言葉。死者埋葬の際に唱えられる祈りの言葉で、ふつう書いたものを読む）

467 ミーサー・サガー（misa sagar）
ミサ（死、死者）＋サガー（閉ざす）で、「死者を閉ざす」「墓」「陵」。

みささぎ（misasagi）
陵［＊天皇・皇后の墓。「ごりょう」（御陵）とも言うが、これはアラム語「ゴレラ」（golela　墓穴の上に置かれた石）が若干なまったものかもしれない」

468 ムティン・アグム（mtin agum）
ムティン（アラム語　待つ）＋アグム（悲しい、嘆かわしいアラム語　1番参照）で、「嘆きながら待つこと」

まちあぐむ（machi-agumu）
待ちあぐむ（待ちくたびれること）

469 ムティン・ハキツ（mtin hakits）
ムティン（アラム語。待つ。468番も参照）＋ハキツ（目を覚まして）で、「目を覚まして待つ」

まちあかす（machi-akasu）
待ち明かす（待って夜を明かすこと）

470 ナ・ァセ（na ase）
してください（丁寧なヘブル語表現）

なさい（nasai）
「～なさい」（「なす」の命令形で、丁寧な日本語表現。「学問をなさい」「どれになさいますか」等）

471 オラ・シサ（ora sisa）
熟語的に使われ、「大きな喜び」「嬉しさ」の意［＊オラ（明るい、輝く）＋シサ（喜び）。同様な表現として、「オラ（ヴェ）シムハ」という表現が聖書のエステル記八章一六節にあるが、これも「大きな喜び」「嬉しさ」の意］。

うれしさ（ureshisa）
嬉しさ

472	パグァ・ナシャ(pagua nasha)	パグア（苦しんでいる）+ナシャ（アラム語　人）で、「苦しんでいる人」
	ふぐしゃ（fugusha）	不具者
473	プハ・ナキ（puha naki）	プハ（アラム語　風）+ナキ（きれいな）で、文字通りには「きれいな風」
	ふきぬき（fukinuki）	吹き抜き（風が吹き通す所）
474	プハ・シェカ(puha sheka)	プハ（アラム語　風）+シェカ（沈下）で、文字通りには「風による沈下」。
	ふうしょく（fushoku）	風食（風による侵食）
475	プカ・ハイ（puka hail）	プカ（邪魔）+ハイ（兵。148、431、445、446番も参照）で、「邪魔をする兵」「伏兵」。
	ふくへい（fukuhei）	伏兵（敵のすきを見て襲撃するように隠して配置する兵。事の途中で邪魔が入ること）
476	プカ・シュハ(puka shuha)	プカ（邪魔）+シュハ（溝、穴）で、「邪魔な穴」「落とし穴」。
	ふくしゃ（fukusha）	伏舎
477	ラゼ・イダ（raze ida）	ラゼ（やせた）+イダ（アラム語　手）で、「やせた手」。
	やせうで（yase-ude）	痩せ腕（「女の痩せ腕で一家を養う」等）
478	レー・ウンセ(re'e u nse)	レエ（見る）+ウ（と）+ヌセ（試みる。87番のナセと同じ）で、「見て試みる」。

479	れんせい（rensei）	錬成（鍛え上げること）
	レナ・ガレ（rena gale）	レナ（またはルナ　アラム語　考える）＋ガレ（現わす、表明する）で、「考えを表明する」「論じる」。
	ろんじる（ronjiru）	論じる
480	ルア・ボー（ruah bo）	ルア（風）＋ボー（来る、入る。４３１番も参照）で、文字通りには「風が来る」。
	れいぼう（reibo）	冷房
481	ルァ・ハー（ruah har）	ルア（風、霊）＋ハー（山）で、「霊の山」「霊峰」。
	れいほう（reihoo）	霊峰（神を祀《まつ》った聖なる山。「霊峰富士」等）
482	シャー・ハイ（shaha hail）	シャハ（住む、駐在する）＋ハイ（兵）で、「兵隊の駐在」。
	ちゅうへい（chuuhei）	駐兵（兵をある地点にとどめておくこと）
483	シャカ・ァセ（shaka ase）	シャカ（掘り下がる）＋アセ（〜にする）で、「掘り下げる」。
	さくせい（sakusei）	鑿井（地下水や石油をとるために、井戸や穴を掘ること。ボーリング）
484	シャーク・ヤカ（shalak yakad）	シャーク（煮る）＋ヤカ（火にかける。４２２、４２３番も参照）で、「煮るために火にかける」。
	すきやき（sukiyaki）	すき焼き（肉や野菜を煮込んだ料理）
485	シェカー・デラ（shekhar kdera）	シェカー（酒）＋デラ（樽）で、「酒樽」。
	さかだる（sakadaru）	酒樽

486 シユム・ァセ (siyum ase)
すます (sumasu)

シユム（終わり、終了。114、224番も参照）+アセ（〜にする）で、「終わらせる」「済ます」。

済ます（なし終えるの意）

487 タベー・サギ (tabel sagi)
たべすぎ (tabesugi)

タベル（アラム語　食べる　187番参照）+サギ（アラム語　過ぎ、非常に）で、「食べ過ぎ」。

食べ過ぎ

488 タハト・ハー (tahat har)
たかちほ (takachi-ho)

タハト山の意（古代イスラエル人は出エジプト後、神から与えられた地カナンに向かう途中で、「タハト」の地に滞在した。「彼らは……タハトに宿営した」（民数記三三章二四、二六節）。ただし聖書は、タハトの地が山岳地域であったかどうかは記していない）
高千穂［＊ニニギが天降《あまくだ》ったとされる峰。古事記、日本書紀によれば、ヤマト民族は、神から与えられた地ヤマトへ向かうが、その旅は高千穂が出発地点だった。グループ4（b）でみたように、ヘブル語の「h」音は、日本語では「k」音に入れ替わっていることが多い。またヘブル語の「ハー」は、日本語では「ホ」になっていることも先にみた（481番）。だから、日本語の「タカチホ」の起源が「タハト・ハー」だったとしても、決しておかしなことではない」

489　タルィ・デン（talui eden）
つりだな（tsuridana）
タルィ（つるした）＋エデン（台）で、「つるした台」「つり棚」。
つり棚

490　テウファ・セ（teufa ase）
とばす（tobasu）
テウファ（飛ぶ）＋アセ（〜にする）で、「飛ばす」。
飛ばす

491　テウラ・ァセ（teura ase）
てらす（terasu）
テウラ（照明　120番）＋アセ（〜にする）で、「照らす」。日本神話の女神アマテラスの名は、「天照らす」の意。
照らす

492　ツェ・アセ（tse ase）
ついやす（tsuiyasu）
ツェ（出る、支出）＋アセ（〜にする）で、「支出する」「費やす」。
費やす

493　ツェ・プハ（tse puha）
つうふう（tsufuu）
ツェ（出る）＋プハ（アラム語　風）で、文字通りには「風が出る」。
通風

494　トゥム・アガル（tum agar）
つみあげる（tsumi-ageru）
トゥム（いっぱいにする）＋アガル（積む）で、「積み上げる」。
積み上げる

495　ウシャ・ボル（usha bor）
うちぼり（uchibori）
ウシャ（アラム語　要塞《ようさい》）＋ボル（穴、溝）で、「要塞的なお堀」。
内堀（城の内部にある堀）

496　ヤーシャヴ（yashav）
語根ヤーシャヴは、文字通りには「すわる」だが、ヘブル語では様々な含蓄を持つ。たとえば、ヤーシャヴ・シヴァというと、「喪に服する」の意である（137ページ）。

ゆうしゅう（yushuu）　憂愁（憂い、悲しみ）、幽愁（深い憂い）

497 ヤーシャヴ（yashav）　「すわる」の意味から、「刑務所にすわる」「捕らわれて押し込められる」の意味でも使われる。

ゆうしゅう（yushuu）　幽囚（捕らわれて押し込められること）

498 ヤイシュヴ（yishuv）　ヤーシャヴと同じ語根で、「人民」。

ゆうしゅう（yushuu）　有衆（人民、国民の意）

499 ヤヴォ・コー（yavo kol）　ヤヴォ（来るであろう）＋コー（声　174番）で、「来るようにとの声」「呼び声」。

よびごえ（yobigoe）　呼び声

500 ズガ・テウラ（zuga teura）　ズガ（アラム語　ガラス）＋テウラ（照明。120、491番も参照）で、「ガラスのように透きとおって輝く」

すきとおる（suki-tooru）　透き通る

第七章　その他の特筆しておくべきヘブル語＝日本語の類似例

偶然とは言えない規則的類似性

全く関係がないと思われた二つの言語の間に、音も意味も同じ言葉が幾つか見いだされたとき、たいていは「偶然」の一語で片づけられてしまいやすい。だが、たとえ「偶然」がそのような類似語を作り出した場合でも、「偶然」は単に不規則な類似性を生み出すだけである。

本章では、偶然とはとても言えない「規則的」類似性が、ヘブル語と日本語の間に存在することを示したいと思う。第六章で紹介した言葉の中から、それを見ていこう。すなわち、同一のヘブル語根から、規則的に様々な日本語が生まれているのである（「語根」とは、同起源の複数の単語がある場合に，そのすべてに共通な音形部分をさす）。

以下は、アルファベット順ではなく、その幾つかの例を示したものである。

ヘブル語根ガダーと日本語

はじめに、ヘブル語根「ガダー」（大きくする）を取り上げ、そのヘブル語と日本語の変化をみてみよう。

（各項目で前者はヘブル語、後者は日本語である）

◎ガダー（gadal）
　大きくする、拡大する、増やす

こだい（kodai）
　誇大（「誇大広告」等）

◎ガドー（gadol）
　ガダーと同じ語根で、「大きい」「巨大な」「広大な」の意。

こうだい（kodai）
　「広大」だが、語尾に「な」をつけて「広大な」となる。

◎ガドー（gadol）
　ガダーと同じ語根で、「大きい」「偉大な」「高められた」「高大な」の意。聖書はガドーを、ソロモン王の偉大さを表す形容に用いている（列王記《れつおうき》上一〇章二三節）。

こうだい（kodai）
　「高大」だが、語尾に「な」をつけて「高大な」（高くて大きい、他を圧して優れている様子）となる。

◎ミ・ガドー（mi gadol）
　高められた者、偉大な者（ソロモン王は偉大な者と呼ばれた。歴代誌《れきだいし》下一章一節）

みかど（mikado）
　天皇の別称だが、同じ言葉がソロモンに対しても使われた！

ヘブル語根コールと日本語

同様に、ヘブル語根「コール」（寒い、冷たい）も、左記のように幾つかの日本語を派生させている。

◎コール（kor）	寒い、冷たい
こおり（kori）	氷
◎カーラ（kara）	コールと同じ語根で、「非常な寒さ」。
こおる（koru）	凍る
◎コール・ァセ（kor ase）	文字通りには「寒くする」「冷たくする」。
こおらす（korasu）	凍らす
◎カレル（karer）	コールと同じ語根で、「冷やす」「風邪をひく」。
かれる（kareru）	（声が）嗄れる（風邪をひくと、ふつう声がかれる）
◎コール・ァサ（kor asa）	文字通りには「風邪でやられた」。
からす（karasu）	（声を）嗄らす（風邪にやられると、声をからす）

ヘブル語ホーと日本語

次は、「法」を意味するヘブル語「ホー」だが、この言葉は左記のような形で日本語の中に痕跡として残っている。

◎ホー（hok）　法、規則、原理
ほう（ho）　法
◎フキ（huki）　ホーと同じ語根で「法的」の意。
ほうき（hoki）　法規
◎イ・フキ（i huki）　二語からなり「違法」の意［＊ヘブル語の「イ」は否定を表す］。
いほう（iho）　違法
◎ホー・ァセ（hok ase）　文字通りには「法を作る」の意。
ほうせい（hosei）　法制
◎イ・フキ・ァセ（i huki ase）　文字通りには「違法なものにする」の意。
いほうせい（ihosei）　違法性
◎ホウカン（hokan）　ホー（ホウク）と接尾辞アンの組み合わせで、「判事」「法律家」の意（第六章40番参照）。

ほうかん（hokan）　　——法官（法律にたずさわる人）

同意語、同類語における類似

二つの言語の間の類似語が偶然か、偶然でないかを判断するためのもう一つの基準は、それら二言語の間の「同意語」に着目することである。つまりたとえ偶然によって二言語の間で、ある言葉が類似していたとしても、さらにその同意語の数々まで二言語の間で類似していることは、ほとんど考えにくい。いや、あり得ないことと言っていいだろう。

以下は、同意語や同類語まで、ヘブル語と日本語がたいへん近似していることを示す一つの例である。

◎アワル（avar）　　——終わり、終了、満了
おわり（owari）　　——終わり
◎シユマー（siyuma）　　——アラム語で「結論」「終わり」「おしまい」。
しまい（shimai）　　——しまい（おしまい、終わり）
◎モツァ（motsa）　　——文字通りには「出口」だが、熟語の中では「期間の終わり」「期末」を意味して用いられる。たとえば「モツァ・シャヴ

まつ（matsu）　ァ」は「週末」の意。

◎カラ（kala）　末（「期末」「週末」等）
文字通りには「やめる」「終わらせる」「終える」「こわす」だが、しばしば期間の終わり、とくに年末を意味して使われる。

くれ（kure）　暮れ（年の暮れ、年末）

◎カラ・ァセ（kala ase）　文字通りには「終わらせる」だが、「こわす」「枯らす」の意でも使われる。

からす（karasu）　枯らす（「木を枯らす」等）

次にみるのは、「悩み」「苦悩」「悲しみ」「嘆き」などを意味するヘブル語と、日本語である。これらは互いに同意語というよりは、同類語と言ったほうがよいだろうが、やはりヘブル語と日本語の間でたいへん近似している。

◎ツァラー（tsura）　苦悶、悩み、苦悩

つらい（tsurai）　辛い

◎ツーカ（tsuka）　悩み、苦悶、苦痛

つうく（tsuku）　痛苦（＝苦痛）

◎メツァル（metsar）	トラブル、苦しみ、困難
もつれ（motsure）	縺れ（からまり合って離れなくなること、トラブル。「愛情のもつれ」等）

ヘブル語の派生語と日本語

また日本語の中にヘブル語起源の言葉が多いことは、ヘブル語の派生語が日本語の中に同様にみられることからも、わかる。たとえば次の例である。

◎コカラ（kokara）	アラム語で「罠」の意。
かかる（kakaru）	（罠に）掛かる
◎ヒッカケル（hikaker）	コカラの派生語で「罠に掛かる」「計略にひっかかる」の意。
ひっかける（hikkakeru）	「かかる」の派生語で、引っかける（計略にかける。「客をひっかけて、安物を高く買わせる」等）。

古代イスラエルと日本の新時代の開始

最後に、本章を終える前に、古代イスラエルと古代日本の双方に起きた同じような歴史的出来事に着目してみよう。

紀元前五八六年にバビロン帝国に捕囚の身となった古代ユダヤ人は、バビロンの地で辛酸をなめたが、バビロン帝国滅亡の後、幾度かに分けて祖国へ帰還した。紀元前四四四年の帰還では、律法学者また祭司であるエズラが同行したが、民はイスラエルの宗教の再興を願った。そこでエズラは、帰還したユダヤ人の間に宗教改革を実施した。

「祭司エズラは律法を会衆の前に持って来た。……第七の月の一日《ついたち》のことであった。……(彼らは)主がモーセによって授けられたこの律法の中にこう記されているのを見いだした。イスラエルの人々は第七の月の祭りの期間を仮庵《かりいお》で過ごさなければならず……」（ネヘミヤ記八章二節、一四節）

これと同様なことが、西暦六四五年に日本で起きた。その年に「大化の改新」が実施されたのであるが、そこから日本の新時代が始まった。第三章で述べたように、大化の改新は「七月の一日」に始まった。それは祭司エズラが宗教改革を始めたのと同じ日であり、ユダヤ暦の新年でもある。

またイスラエルでは、「仮庵の祭」が七月一四日の夕方から始まるが、その日、神殿に供える捧げ物が用意される。同様に大化の改新では、「七月一四日」に、神道の神に供えるための捧げ物が集められている（日本書紀）。昔イスラエルで行なったと同様なことが、日本でも行なわれたのである。しかも日付まで同じなのだ。

これを単なる偶然としてよいものだろうか。大化の改新の主導者たち、および神道の神官たちは、古代イスラエルの伝統に基づいて新時代の開始を七月一日に設定し、また七月一四日の出来事も古代イスラエルの伝統に基づいてなしたのではないだろうか。

日本民謡のヘブル語

もう一つ、日本民謡の中のヘブル語をみてみよう。秋田県に、「能代船方節《のしろふなかたぶし》」（能代船唄）という民謡がある。船乗りの歌だが、歌詞は次の通りである。

［能代船方節］
ヤサ・ホー・エーサー

ノサー・エンヤ、ラホー・エンヤ
ハーエンヤー・ホー・エサ
能代橋から
ハーエンヤー・ホー・エサ
沖眺むれば
ハーエンヤー・ホー・エサ
三十五反の　帆を巻いて　米代川《よねしろ》に　入るとき　大きな声をば　張り上げて
ホー・ラホー・エサー
ノサー・エンヤ、ラホー・エンヤ
ハーエンヤー・ホー・エサ
思い出しゃ　船乗りゃやめられぬ
ハーエンヤー・ホー・エサ

このカタカナの部分は、日本語としては、これといった意味がない。世界の民謡を見ても、民謡の中にこんなに多くの意味のわからない言葉が入っているのは、普通ではない。しかし、若干のなまりを考慮し、カタカナの部分をヘブル語として解釈するなら、すべて筋の通ったものとして理解される。

　つまり、ヘブル語としてみても、それはまさに船乗りの歌なのだ。以下は、この能代船方節にヘブル語解を施したものである。（　　）内が、そのヘブル語解と意味である。

［能代船方節］

ヤサ・ホー・エーサー
（エサ・ホー・エサ　esa hoo esa　אסע הו אסע　我は船出する、おーい、船出するぞ）
ノサー・エンヤ
（ノサー・オニヤ　nosaat oniya　נוסעת אניה　船で行く）
ラホー・エンヤ
（ラホー・オニヤ　rahok oniya　רחוק אניה　船で遠くへ）
ハーエンヤー・ホー・エサ
（バオニヤ・ホー・エサ　baoniya ho esa　באניה הו אסע　おーい、船で航海するぞ）
能代橋から
ハーエンヤー・ホー・エサ
（バオニヤ・ホー・エサ　baoniya ho esa　באניה הו אסע　おーい、船で航海するぞ）

沖眺むれば
ハーエンヤー・ホー・エサ
（バオニヤ・ホー・エサ　baoniya ho esa　באוניה הו אסע　おーい、船で航海するぞ）
三十五反の　帆を巻いて　米代川に　入るとき　大きな声をば　張り上げて
ホー・ラホー・エサー
（ホー・ラホー・エサ　ho rahok esa　הו רחוק אסע　おーい、遠くへ行くぞ）
ノサー・エンヤ
（ノサー・オニヤ　nosaat oniya　נוסעת אניה　船で行く）
ラホー・エンヤ
（ラホー・オニヤ　rahok oniya　רחוק אניה　船で遠くへ）
ハーエンヤー・ホー・エサ
（バオニヤ・ホー・エサ　baoniya ho esa　באוניה הו אסע　おーい、船で航海するぞ）
思い出しゃ　船乗りゃやめられぬ
ハーエンヤー・ホー・エサ
（バオニヤ・ホー・エサ　baoniya ho esa　באוניה הו אסע　おーい、船で航海するぞ）

このように、ヘブル語としてみても、まさに船乗りの歌なのである。

資料篇

日本人と日本語の起源に新たなる道を切り開いた探求の人・ヨセフ・アイデルバーグについて

ヨセフ・アイデルバーグ――その生涯
――イスラエル軍士官、技術者、所長、また学者として――

著者ヨセフ・アイデルバーグはユダヤ人で、一九一六年二月八日、ウクライナ南部の都市オデッサで生まれた。

彼は七歳のとき、家族と共にパレスチナに移住した。今日の「イスラエル共和国」である。ヨセフは幼少の時代をエルサレムで過ごした。そののち、建設業にたずさわっていた彼の父は、ハイファの町で鉄工業を営むようになった。父は、二一歳になったヨセフを、イギリスへ送った（写真1）。

そこで工学を学ばせるためだった。しかし第二次世界大戦の少し前、一九三九年にヨセフはパレスチナに戻り、志願してイギリス軍の特別警護隊に勤務する（写真2）。その後彼は、イスラエル国防軍の士官となり、三五歳のときまでそこで務めた（写真3）。

一九五二年に、ヨセフはアメリカへ渡り、工学の勉強を続ける。三八歳のときには、死海開発担当の部長に就任した（写真4）。ヨセフはまた工学を通じ、イスラエル政府によるイランやコートジボアール（西アフリカ）での海外巨大プロジェクトにも参加していた。

1．イギリス時代のヨセフ・アイデルバーグ

2．特別警護隊時代のヨセフ

彼はそうする中で、一つの興味深い事実に気づいた。それは、アフリカのマリ（コートジボアールの北に接する国）に住む「バンバラ人」の言葉と、ヘブル語との間に、深い言語学的・文化的類似点が存在することだった。

すでに七カ国語を話すようになっていたヨセフは、仕事のかたわら、様々な国の古代文化や、習慣、象徴や言語などを、深い興味と際限ない好奇心をもって研究するようになった。やがて彼に明らかになったことは、ヘブル語とアフリカの言葉、またさらには日本語との間に、深い言語学的、また表徴上の類似点が存在することだった。

そしてこれは、ユダヤ史上、最も謎とされてきた次の二つの事柄に、明るい光を照らすものとなったのである。

1．出エジプト後、シナイの荒野を「四〇年間」放浪したというイスラエル民族の行程――ふつうベドウィン（アラブ系遊牧民）の人なら、ラクダに乗って、あるいは徒歩でも一週間かからない距離であるというのに、どうして四〇年もかかったのか。

2．いわゆる「イスラエルの失われた十部族」――今から二七〇〇年ほど前にアッシリア帝国に捕囚《ほしゅう》され、そののちアジアの荒野へ消えていった彼らは、そののちどうなったのか。

こうしてヨセフ・アイデルバーグは、コートジボアールから帰国したのち、一九七二年

3．国防軍時代のヨセフ

4．死海開発担当部長時代のヨセフ

に自身の最初の著書『バンバラ』を出版した。これは、アフリカの古代文化の中に、古代イスラエル人の足跡を見いだしたものである。古代イスラエル人が出エジプト後、アフリカの海岸や砂漠地帯、山岳地帯、また海もわたって、どのような行程を経てイスラエルの地に行ったかを考察するものであった。

ヨセフは、一九七四年までイスラエルのハイファの港で、造船所の所長を務めていた。その年、五八歳のときに彼は退職し、以後の歳月を「イスラエルの失われた十部族」研究に費やす。世界各地を旅し、研究し、ついに日本にまで行って研究活動を続けた。日本では、神社の見習い神官にまでなって、謎を解き明かそうとしたのである（写真5）。

そののちヨセフは、彼の二番目の著書『日本人とイスラエルの失われた十部族』を、イスラエルと日本で出版した（邦訳は『大和民族はユダヤ人だった』たま出版）。この本は、古代イスラエル人がはるか極東の日本の地にまで旅をし、そこに住み着いたことを論証したものである。

彼は、日本の古代文化、神話、言語、文字、民謡、また伝統的表徴、習慣の中に存在するイスラエル的なものを、次々と明らかにしていった。また古代イスラエル人の行程、および日本人と日本文化の起源に、光をあてたのである。

この本は日本では約四万部売れた。そして彼の主張や根拠の数々は、他の様々な本、記

5．京都の護王神社で見習い神官となったヨセフ

6．イスラエルでのヨセフ

事、セミナー、研究、文書などで引用された。

　この出版の成功を受け、ヨセフはさらに研究を続けた。彼は日本語とヘブル語の間に、意味も発音も似通った五〇〇〇以上の類似語を見いだしている。彼はそれらを特徴別にグループ分けし、体系化した一つの辞書をつくった。

　日本語の中には、日本人でさえよく意味や語源のわからない言葉が存在するが、彼はそれらのヘブル語解を示し、そのルーツを明らかにしている。また言葉の起源だけでなく、日本文化や神道の起源にもふれ、やがてヨセフは、自身の最後の書となった本書を著したのである。本書では、彼が見いだした類似語の中から、五〇〇例が詳しく紹介されている。

　ヨセフ・アイデルバーグは、一九八五年八月、六九歳で世を去った。彼は本書の出版の日を見ることはなかった。だが、彼の妹であるディナ・ハリスが原稿をまとめ、本書のような形に編集した。そして本書の出版のために、彼の息子ボアズ・アイデルバーグが労し、ラビ・マーヴィン・トケイヤー、および久保有政氏の助けを得て、二〇〇五年に日本で出版される運びとなったのである。

　本書は、イスラエルに育った一人のユダヤ人の遺稿である。彼は自由人として生まれ、イスラエルの自由のために戦った。そしてイスラエル民族の先祖たちに想いをはせ、世界各地を旅し、各地の古代史を研究し、日本と出会い、ついに本書という素晴らしい著書を残してくれたのである（写真６）。

わが父ヨセフ・アイデルバーグ

ボアズ・アイデルバーグ（息子）

私は幼少の頃から、父にはいつも感嘆していた。父がイスラエル国防軍の士官だったとき、また工学や建設にたずさわったとき、さらにそののち言語の比較研究や著作をなしていたとき、父の姿はいつも驚異に満ちていた。

幸福にも私は、幼い頃から父に連れられて冒険を楽しんだ。五歳のときには砂漠を車で走った。七歳のときには軍の飛行機で空を飛んだ。八歳のときには世界を旅した。また一〇歳のときにはジョン・ディア・トラクターを運転した。

私自身、父に似た生涯を歩んでいる。私がイスラエルの防衛大学校を卒業し、そののちアメリカの複数の一流工科大学を卒業できたのも、すべては父の励ましと援助があったからだった。

その後、父と私は友人同士のようだった。父は道徳観念が強く、家族や、部下、また友人への責任感に富んでいた。勇気があり、信念で行動し、友を大切にし、公平さと真理を愛した。父はまた普段から正直で、自然をこよなく愛し、旅と探検を好んだ。読書家で、写真や映画を撮るのも楽しみにしていた。そして何より、生命を尊ぶ人だった。

父は今も、私の内なる遺伝子と魂の中に生きている。また父の妻チッポラ・アイデルバーグの中に、父の兄弟ヨナ・アイデルバーグの中に、父の孫ヤエルとタル・アイデルバーグの中に、またそのほか彼のすべての親族、友人、仲間、同僚の中に、深く生き続けている。

わが親友、ヨセフ・アイデルバーグ
(その魂が平安のうちに生きるように)

メイア・パイル(イスラエル国防軍元大佐)

私がヨセフ・アイデルバーグにはじめて会ったのは、一九五〇年代はじめ、イスラエル国防軍のバタリオン士官大学においてだった。そのとき私も彼も少佐だった。ヨセフは技術班、私は歩兵隊だった。私たちは同じクラスに出席し、親友となった。その友情は、彼の死に至るまで続いた。

ヨセフは多くの賜物《たまもの》に恵まれた人だった。明晰《めいせき》で創造的な頭脳、幅広い好奇心、成熟した自然なユーモア、また誰にも好かれる人柄を持っていた。そして何より、士官としての優秀な能力と、また歴史研究家としての優れた思考力と知識を持ち合わせていた。

ヨセフは国防軍退役後、イスラエルの最も重要な工業プロジェクトのうちの二つに従事するようになった。彼はその成功に多大な貢献をした。それらのプロジェクトとは、死海におけるカリウム、臭化物、マグネシウム工業の開発、そしてハイファでの造船業である。

しかしヨセフの能力は、単に優れた技術部長としてはとどまらなかった。彼は独自に聖書の研究を進め、古代史にも深い関心を寄せた。そうした中、彼は聖書中の最も重要な歴史的叙述に関し、独自な見解を発展させていった。

彼の見解のうち二つは、出版されている。一つは、古代イスラエル人のエジプトからの脱出（出エジプト）の経路に関するもの、もう一つは、いわゆる「イスラエルの失われた十部族」の離散に関するものである。

ヨセフは多くの古代文書や資料の研究を進め、モーセが出エジプト後にイスラエル人を約束の聖地へ導くに至った途中の経路は、シナイ半島ではなく、北アフリカのサハラにける四〇年の行程であったと主張した。そこを巡ってのち、バベル・マンデブ海峡を越えてヤマンに至り、そこから北へ向かってカナンに至ったとした。

またヨセフの第二の聖書研究は、イスラエルの失われた十部族の離散に関してだった。彼らはアッシリア帝国によって捕囚となり、カナンの地から連行されて、東のメソポタミア、またペルシアやマダイの地へと移された。

一般的には、十部族はその後、周囲の部族と同化し、アイデンティティを失って、イスラエル民族の歴史からは「失われた」と理解されている。しかしヨセフは、日本語を知るようになってから、日本語とヘブル語の間にある非常に興味深い類似性に気づくようになった。

それで彼は、次のような説を立てるに至ったのである。すなわち彼ら十部族、あるいはその一部の人々は東方へ移動し、東アジアに達した。そして東アジアに、イスラエル文化またイスラエル宗教の痕跡と影響を残した。

私も最近、日本の幾つかの学問的研究グループが、この点をさらに掘り下げて研究成果を発表していると聞いている。そうした研究に火をつけ、先鞭《せんべん》をつけたのが、ヨセフだったのである。

これが、ヨセフ・アイデルバーグという人である(「であった」ではない!)。わが友にして、軍士官、また優秀な工業監督、そして独創的な学者として生きた彼を、私は誇りに思う。

［解説］アイデルバーグの遺稿である本書について

久保有政

本書は、ヨセフ・アイデルバーグ（Joseph Eidelberg）著“The Biblical Hebrew Origin of the Japanese People”の全訳である。

アイデルバーグは、「日ユ（日本とユダヤ）同祖論」をユダヤ人の側から唱えた人である。すなわち日本人とユダヤ人は先祖においてつながっている、親類縁者であるという説だが、彼の研究はおもに、日本語とヘブル語の類似性に関して向けられている。すなわち、日本語の中にはヘブル語起源のものがたいへん多いと、彼は主張する。

アイデルバーグは、一九八四年に日本で『大和民族はユダヤ人だった』（たま出版　中川一夫訳　The Japanese and the Ten Lost Tribes of Israel）という本を出版している。これはイスラエルでも出版され（一九八〇年）、ユダヤ人また日本人の日ユ同祖論研究家の間で、かなり有名になった。

またその後、アイデルバーグは一九八五年に、松本道弘氏との対談『鰻《ウナギ》と蛇―大和民族はユダヤ人だったか』（たま出版）も出版した（現在は改訂版となり、タイトルは『大和民族ユダヤ人説の謎を追う！』）。だがこの年、残念なことにアイデルバーグは世を去った。

しかし彼の死後、遺族が彼の未発表の原稿をまとめ、本書としたのである。本書は、ヨセフ・アイデルバーグの遺稿であると共に、日本における三冊目の本ということになる。本書は、彼の数十年にわたる日本研究の集大成である。私はその原稿（英語）を、彼の息子、ボアズ・アイデルバーグ氏から受け取った。そして「この原稿を本にして、ぜひ日本で出版してほしい」と頼まれたのである。

本書の英語版は、すでに二〇〇五年五月に Gefen publishing House から出版された。それに続いて日本語でも出版されたことは、大きな喜びである。私は、これは今までの彼の本の中でも最も優れたものであると、考えている。

本書の特徴は、おもに二つあると思う。一つは、アイデルバーグが徹底的に『日本書紀』を読み解いていることである。彼は日本書紀の中から、古代イスラエル起源のものを数多く洗い出している。日本人が読んでも全く気づかなかったような事柄を、たくさん指摘している。読者の多くも、「よくここまで読んだなぁ」という感想を持つのではないだろうか。

もう一つの特徴は、アイデルバーグは本書において、日本語とヘブル語の類似語例を五〇〇あげ、それらを具体的に解説していることである。しかも、五〇〇の類似語を特徴別に約一〇のグループに分け、言語学的な観点から説明を加えている。

これをみると、「日本語の中にはこんなにもヘブル語起源のものが多かったのか」と誰もが驚くのではないだろうか。また、本書では類似語例を五〇〇紹介しているだけだが、実際には、アイデルバーグはもっとたくさん収集していた。

『大和民族はユダヤ人だった』の「日本語版へのことば」には、すでに「三〇〇〇語以上」集めたと記しているし、息子のボアズ氏が語ったところによれば、生前彼は「五〇〇〇語以上」集めたと語っていたという。そのリストが手に入るようであれば、出版ないしはウェブサイトを通して公開したいと思っている。

日本語の起源に関する諸説

日本語は、アイデルバーグが本書において指摘しているように、「世界の言語の孤児」的な存在である。日本語の中には、朝鮮語、中国語を起源とするものや、東アジア、中央アジアの諸語を起源とするものが入っていると言われる。しかし、ではどの言語と親類関係にあるかというと、一般的には、いまだに特定できていない。謎なのである。

アカデミックな世界では、日本語の起源に関しては、おもに北方説と南方説が言われている。

北方説としては、「朝鮮語」との親類説が有名である。古くはW・G・アストンが『日本語と朝鮮語との比較研究』（一八七九年）において、両言語は親類関係にあると主張した。金沢庄三郎も、『日韓両国語同系論』（一九一〇年）を発表し、同一起源説を主張している。大野晋は、『日本語の起源』（一九五七年）の中で二二六の比較例を提示した。

一方、藤岡勝二は『日本語の位置』（一九〇八年）という講演の中で、一四の項目で「アルタイ諸語」［モンゴル諸語、チュルク（トルコ）諸語、ツングース諸語］と、日本語の特徴が一致すると説明した。フィンランドのアルタイ語学者G・J・ラムステッドも、『アルタイ諸語と日本語との比較』（一九二四年）で、同じ見解を表明している。またアイヌ語の権威・金田一京助も、『国語史系統篇』（一九三二年）の中で、日本語が原始アルタイ語と遠い親類関係にあると述べている。

一方、南方説は、古くはV・H・ラベルトンが『日本・マライ・ポリネシア語族の分枝としてのオセアニア諸語と日本語』（一九二五年）のなかで、南方に日本語の語源を求めようとしている。村山七郎は、『日本語の誕生』（一九七九年）の中で南方系説を推進し、日本語は南島系の言語に北方のアルタイ系言語が混合したものである、という仮説を提起した。

また、川本崇雄は『南から来た日本語』(一九七八年)で、アルタイ系の基層語の上に南島系言語が重なったと推定している。松本信広は、『日本語とオーストロアジアチック語』(一九二八年)において、日本語と東南アジア諸語との対応を示す一一三例を集めている。

一方、チベット・ビルマ語や、インドのドラビダ語族系のタミル語、チベットのレプチャ語等と、日本語の親類関係を主張する者もいる。しかしどれも、一部の類似関係は示せても、全体的な言語考証において常に疑問が残る。

そういうわけで、諸賢の努力にもかかわらず、「日本語と親類関係の言語はいまだ見つかっていない」というのが、一般的な理解なのである。

十部族とアルタイ語、朝鮮語

さて、ここで興味深いのは、日本語との親類関係が有力視されている「アルタイ諸語」は、中央アジアを中心に話されている言語だ、ということである。本書においてアイデルバーグは、古代イスラエルの十部族はかつて中央アジアにいた、との見解を示している

（第四章）。とすれば、彼らはアルタイ語にふれていたはずである。

また、日本語との親類関係が言われている「朝鮮語」についてであるが、アイデルバーグは、イスラエルの十部族はかつて一時的に朝鮮半島にもいたと述べる。つまり、もし実際に十部族が朝鮮半島を通って日本に来たのだとすると、十部族はやはり朝鮮語にもふれていたことになる。

さらにアイデルバーグは、十部族は日本にまで達した、と言う。そして「日本語の中にはヘブル語起源のものが多い」「日本語とヘブル語は親類関係にある」と主張する。そのために、五〇〇の類似語例をあげる。とくに日本人の中核をなすヤマト民族は、イスラエルの失われた十部族の子孫である、というのが彼の主張である。

すなわち、ヤマト民族がもたらした日本語は、もともとヘブル語（またアラム語）を基幹とし、そこにアルタイ語や朝鮮語、そのほか東アジアの言葉が合わさって出来たものだ、と言えるのではないか。そうした考えが、彼の主張の根底にあると思われる。

こうした彼の考えをも踏まえ、今後の日本語研究、日本人のルーツ研究が進むことを期待するものである。

日本語の中の中国語

ところで、私たちが注意しなければならないことが、一つあるように思う。それは中国語起源の日本語についてである。日本語の中には、中国語から来た言葉もある。

たとえば、アイデルバーグは「ひい、ふう、みい……」はヘブル語起源であると述べているが、一方で「いち、にい、さん……」は中国語起源である。中国語では一から一〇まで数えるのに、「いー、あー、さん、すう、う、りう、ち、ぱ、ちう、し」という。

また漢字は、日本では「音読み」と「訓読み」の双方が使われている。たとえば「肩」の音読みは「けん」、訓読みは「かた」である。「米」は「まい」「べい」が音読みで、「こめ」が訓読みである。

音読みは、基本的に中国語起源である。それは漢字を日本に輸入したときに、漢字とともに入った。一方、訓読みは、基本的に古来の日本語である。訓読みは、古来の日本語に漢字を当てはめたものであって、漢字よりも前から日本に存在していた言葉なのである。

そして、たとえば「肩」の訓読み「かた」は、ヘブル語の「カテ」（katef　肩）に、発音も意味もよく似ている（第六章４０１番）。また「米」の訓読み「こめ」は、ヘブル語の

「カマ」（kama　穀物）に、発音も意味もよく似ている（47番）。

古来の日本語には、ヘブル語によく似たものが多いのだ。こうした「古来の日本語」は、一般に「ヤマト言葉」（大和言葉）の名で呼ばれている。

漢字の訓読みと、ひらがなを合わせた言葉も、ヤマト言葉である。たとえばヤマト言葉の「宿る」は、ヘブル語の「ヤドゥル」（yadur　宿る）と意味も発音もほとんど同じである（128番）。また「測る」と、ヘブル語の「ハカル」（hakar　探る、調査する）も、意味と発音の両面で非常に近似している（25番）。

そのほか、神道用語の中には、ヘブル語起源のものがじつに多いように感じられる。たとえば「禊《みそ》ぎ」は、ヘブル語の「ミソグ」（misog　分別・聖別）から来たように思えるし、「祓《はら》う」はヘブル語の「ハラー」（halal　清める）から来たものであろう。

いずれにしても、ヘブル語と日本語のつながりを考える上で重要なのは、このように日本古来のヤマト言葉に着目することである。漢字の音読みは、中国語起源である場合が多いので、日本語とヘブル語のつながりの考察には向かないと思われる。

本書第六章において、アイデルバーグは日本語とヘブル語の類似語例を五〇〇あげているが、なかには、漢字の音読みのものも少なからず含まれている。その背景には、アイデルバーグにとって日本語は外国語であったから、音読みと訓読みの区別まではできなかった、ということがあるのだろう。

それは無理もないことであるが、たとえそれを差し引いても、本書において彼が示した数々の証拠の価値は決して減じるものではない。

日本語の中のヘブル語

とくに本書で興味深いのは、たとえば日本語で「収める」の語幹は「おさめ」で、それに「る」をつけると「収める」という動詞になるが、それと同様に、ヘブル語の「アセム」(asem)に「ル」(le)をつけると「ル・アセム」という動詞(「収める」の意)になると、アイデルバーグが述べていることである(361番)。

もっとも「る」の位置は、日本語では語尾で、ヘブル語では語頭だから、順序は逆である。だが、ヘブル語の「ル・アセム」を逆にした「アセム・ル」は、日本語の「おさめ・る」に発音も意味もよく似ている。

このような例が、ヘブル語と日本語の間には数多くあるという。つまり文法の面でも、両者は似たところがかなりあることになる。そのほか、アイデルバーグは派生語や、同意語、同類語、地理的な関連語などにも着目しているが、どれも重要な指摘と言えよう。

さらにアイデルバーグは、現代日本人がもうほとんど使っていないような「化石化」した日本語の中に、ヘブル語起源のものがじつに多いと指摘している。これも興味深いことである。

また彼は、「大化の改新」（六四五年）における改新の詔《みことのり》の中には、古代イスラエルの伝統が数多くみられるとも指摘する。彼のその叙述は圧巻である。日本人がほとんど気づかなかったような事柄を、よくここまで明らかにしたな、と感じさせられる。ユダヤ人であって初めて発見できたことではないかと思う。

本書は、日本という国、また日本人とは何かについて私たちの思いを広げるうえで、大きな役割を果たすに違いない。

日本語とヘブル語の類似語　索引

読み・表記・第6章での番号（pがつく場合は本書のページ）の順

か行

さ行

た行

な行

は行

ま行

や行

ら行

［参考文献］

Aalto, Pentti. *"The Original Home of the Indo-European Peoples," Proceedings of the Finnish Academy of Science and Letters*. Helsinki : 1965.

Anesaki, Masaharu. *History of Japanese Religion*. Tokyo : Charles E. Tuttle Company, 1963.

Aston, W. G. *Shinto : The Way of the Gods*. London : Longmans, Green, and Co., 1905.

Aston, W. G. *Shinto : The Ancient Religion of Japan*. London : Constable & Company, Ltd., 1921.

Basic Terms of Shinto. Tokyo : Association of Shinto Shrines, 1958.

Bellew, H. W. *Journal of a Political Mission to Afghanistan in 1857*. London : Smith, Elder and Co., 1862.

Bellew, H. W. *A General Report on the Yusufzais*. Lahore:Government Press, 1864.

Brinkley, F. *A History of the Japanese People*. New York:Encyclopedia Brittannica Co., 1915.

Bush, Lewis. *Japanalia*, 5th ed. New York : David McKay Company, Inc., 1959.

Chamberlain, Basil Hall. *Things Japanese*. Kobe : J. L. Thompson & Co. (Retail) Ltd., 1927.

Diringer, David. *The Alphabet*. London : Hutchison, 1968.

Engi-Shiki, Procedures of the Engi Era, Books I-V, trans. Bock, Felicia Gressitt. Tokyo : Sophia University, 1970.

Esdras II. An Apocryphal book found as an appendix to the Old Testament in some Bibles.

Flavius, Josephus. *"Antiquities of the Jews," The works of Josephus*, trans. William Whiston, Lynn, Mass : Hendrickson Publishers, 1980.

Florenz, Karl. *"Ancient Japanese Rituals,"* Transactions of the Asiatic Society of Japan, Vol. XXVII, Part I, 1900.

Fraser-Tytler, W. K. Afghanistan : *A Study of Political Developments in Central and Southern Asia*, 3rd ed. London : Oxford University Press, 1967.

Gelb, I. J. *A Study of Writing*, revised edition. Chicago : The University of Chicago Press, 1969.

Gimbutas, Marija. *"Proto-Indo-European Culture : The Kurgan Culture During the Fifth, Fourth, and Third Mellennia B.C.," Indo-European and Indo-Europeans*, ed. George Cardona, Henry M. Hoenigswald and Alfred Senn, Philadelphia : University of Pennsylvania Press, 1970.

Hall, John Whitney. *Japan-From Prehistory to Modern Times*. New York : Delacorte Press, 1970.

Hane, Mikiso. *Japan, A Historical Survey*. New York : Charles Scribner's Sons, 1972.

Harada, Tasuku. *The Faith of Japan*. New York : The Macmillan Company, 1914.

Hedin, Sven. *Central Asia and Tibet*. London : Hurst and Blackett, Limited, 1903 (2V).

Herbert, Jean. *Aux Sources du Japon : Le Shinto*. Paris : Editions Albin Michel, 1964.

Holtom, D. C. *The National Faith of Japan*. New York : Paragon Book Reprint Corp., 1965.

Hudud al-Alam (The Regions of the World), A Persian Geography, 372 A.H. 982 A.D., trans. Minorsky V., "E.J.W. Gibb Memorial" New Series XI. London : Luzak & Co., 1937.

Huntington, Ellsworth. *The Pulse of Asia*. Boston : Horghton Mifflin Company, 1907.

Jastrow, Marcus. *Hebrew-Aramaic-English Dictionary*. new ed. New York : P. Shalom Pub. Inc., 1967.

Kato, Genchi. *Le Shinto : Religion Nationale du Japon*. Paris : Librairie Orientaliste Paul Geuthner, 1931.

Keller, Werner. *The Bible as History*, trans. William Neil. New York : Bantam Books, 1974.

Kindaichi, Haruhiko. *The Japanese Language*, trans. Umeyo Hirano. Tokyo : Charles E. Tuttle Company, Inc., 1978.

Kojiki, trans. Donald L. Philippi. Tokyo : Princeton University Press and University of Tokyo Press, 1969.

Kroeber, A. L. *Anthropology*. New York : Harcourt, Brace and Company, 1923.

Lowell, Percival. *Occult Japan : The Way of the Gods*. Boston : Houghton, Mifflin, and Company, 1895.

Mason, J. W. T. *The Meaning of Shinto*. New York : E. P. Dutton & Co., Inc., 1935.

Morris, Ivan. *The World of the Shining Prince : Court Life in Ancient Japan*. New York : Alfred A. Knopf, 1964.

Nihongi : Chronicles of Japan From the Earliest Times to A.D. 697, trans. W. G. Aston. Tokyo : Charles E. Tuttle Company, Inc., 1972.

Norito : A New Translation of the Ancient Japanese Ritual Prayers, trans. Donald L. Philippi. Tokyo : Kokugakuin University, 1959.

Reischauer, Edwin O. *Japan : The Story of a Nation*. New York : Alfred A Knopf, Publisher, 1974.

Sansom, George. *A History of Japan to 1334*. Stanford : Stanford University Press, 1958.

Satow, E. M. *"The Shinto Temples of Ise."* Asiatic Society of Japan, Transactions, Vol. II.

Yokohama : 1874.

Satow, E. M. *"Ancient Japanese Rituals."* Asiatic Society of Japan, Transactions, Vol. VII, Part I, pp. 95-126. Part II, pp. 393-434. Yokohama : 1879.

Stein, M. Aurel. *Ruins of Desert Cathay*. New York : Greenwood Press, Publishers, 1968 (2V.).

The Interpreter's One-Volume Commentary on the Bible, ed. Charles M. Laymon. London : William Collins Sons & Co., Ltd., 1972.

Toussaint, F. *Histoire du Japon*. Paris, Fayard, 1969.

White, William Charles. *Chinese Jews*, 2nd ed. New York : Paragon Reprint Corporation, 1966.

ヨセフ・アイデルバーグ　Joseph Eidelberg（1916〜1985年）
ウクライナ南部の都市オデッサに生まれたユダヤ人。1925年、当時パレスチナと呼ばれていたイスラエルに、両親と共に移住。7カ国語を話す（ヘブル語、英語、フランス語、ドイツ語、ペルシア語、イェディッシュ語、アラビア語)。イスラエル建国前は地下組織「ハガナ」のメンバーであったが、建国後はイスラエル国防軍の陸軍少佐を務めた。その後「イスラエルの失われた十部族」の研究活動に入り、やがて日本に深い関心を寄せるようになる。京都の護王神社の見習い神官にもなり、神道、日本語、日本の歴史を研究した。著書に『大和民族はユダヤ人だった』(たま出版)。

訳者
久保有政　くぼ ありまさ
1955年、兵庫県伊丹の生まれ。1975年、米国カリフォルニア州立大学留学。古代史研究家、サイエンス・ライター、聖書解説者として出版活動や講演を行なう。翻訳書に『日本・ユダヤ封印の古代史　失われた10部族の謎』(ラビ・マーヴィン・トケイヤー著、徳間書店)、著書に『日本・ユダヤ封印の古代史2　仏教・景教篇』(徳間書店)、『日本の中のユダヤ文化』『ゲマトリア数秘術』(共に学研ムーブックス)、『創造論の世界』(徳間書店)、その他がある。
ホームページ　http://remnant-p.com
eメール　remnant@remnant-p.com

［ユダヤ×日本］歴史の共同創造
勾玉はヘブル語のヤー（神の御名）である

第一刷 2023年7月31日

著者 ヨセフ・アイデルバーグ
訳者 久保有政

発行人 石井健資
発行所 株式会社ヒカルランド
〒162-0821 東京都新宿区津久戸町3-11 TH1ビル6F
電話 03-6265-0852 ファックス 03-6265-0853
http://www.hikaruland.co.jp info@hikaruland.co.jp
振替 00180-8-496587

本文・カバー・製本 中央精版印刷株式会社
DTP 株式会社キャップス
編集担当 川窪彩乃

ISBN978-4-86742-276-2

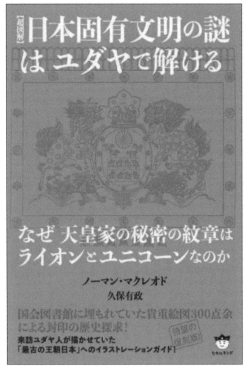

ヒカルランド　好評既刊!

地上の星☆ヒカルランド　銀河より届く愛と叡智の宅配便

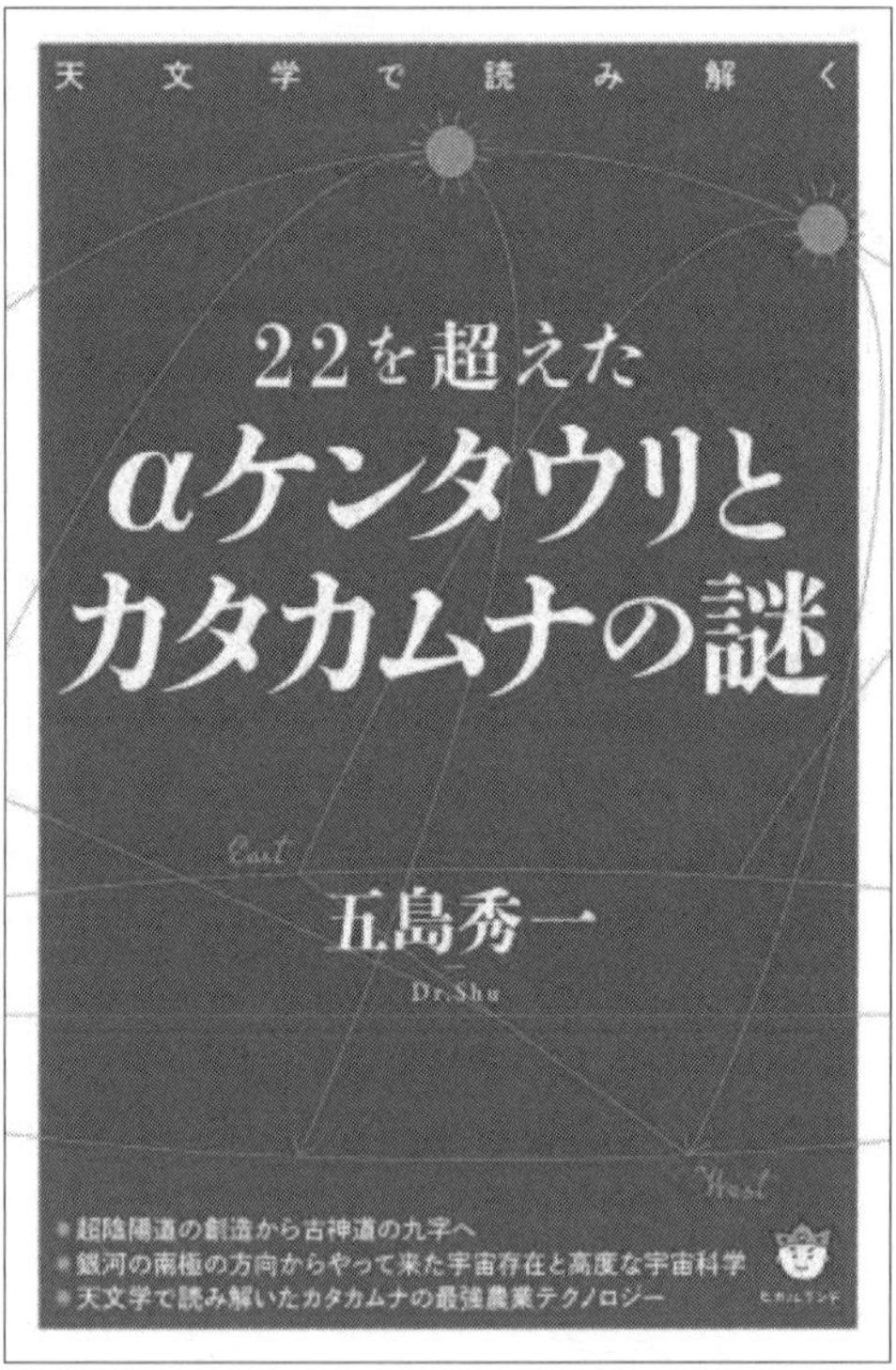

天文学で読み解く
22を超えたαケンタウリとカタカムナの謎
著者：五島秀一
四六ソフト　本体 2,000円+税